河北省社会
"乡村振兴目标下的农地产权政策调适研究"（HB19YJ022）阶段性成果

阜平县移民搬迁问题研究

胡 建　赵金龙　许月明 ◎ 著

中国农业出版社

北 京

序

推动居住在生存条件恶劣、生态环境脆弱、自然灾害频发地区的农村人口搬迁到条件相对较好的地域，改善农村尤其是山区的人口居住生活条件，可以为村庄经济发展和农民就业创造更有利的条件。

阜平县地处太行山东麓、河北省保定市西部，县域内山林多、耕地少，俗称"九山半水半分田"，经济社会发展滞后。《国家八七扶贫攻坚计划》实施以来，阜平县一直是国家扶贫开发工作重点县。一些偏远深山区的自然村，生存环境恶劣、资源严重匮乏，缺乏基本的生产生活条件，一般的扶贫措施成本高、效果差，很难走出"脱贫又返贫"的怪圈，群众难以从根本上解决贫困问题。1997年，阜平县开始探索移民搬迁的扶贫模式，县政府出资8万元，在县城周边第一山村购买荒山800亩，将两个偏远山区的自然村集中搬迁到第一山村，并起名为"幸福村"。2015年11月，习近平总书记在中央扶贫开发工作会议上提出"五个一批"扶贫开发战略，强调将贫困人口从"一方水土养活不了一方人"的地方搬迁下来，通过改善其生产生活条件、创造就业机会来实现稳定脱贫。阜平县积极贯彻落实，开始进行大规模的移民搬迁。

但易地扶贫搬迁需要巨额资金支持。为了解决这一问题，国家允许连片特困地区和国家扶贫开发工作重点县开展扶贫搬迁时，将建设用地结余指标在省域甚至全国范围内进行交易。阜平县城乡建设用地增减挂钩项目的运作，为搬迁农民建新居、农村基础设施建设和扶贫产业发展提供了有力的资金支持，使移民搬迁具有了一定的资金支撑。

移民搬迁改变了村庄的人文环境，对村庄经济的发展条件、村民间的社会联系、农户的生计等都会产生深远影响。对移民搬迁后村庄经济能否持续发展、移民搬迁中农民的态度、移民搬迁对农户生计的影响等问题，都需要进行系统分析。根据互利共赢原则，优化政策安排以减缓乃至消除移民搬迁的负面影响，有助于移民搬迁工作的顺利进行，使移民搬迁村民的长远生计有保障。

本书主要内容如下：第一章根据山区村庄居民点，尤其是房屋分布的特点，分析村庄整治和移民搬迁的必要性和阜平县的村庄空间布局优化问题；第二章介绍了阜平县移民搬迁的具体政策规定及其实施情况；第三章分析了待搬迁村庄农户的搬迁意愿及其影响因素；第四章分析了移民搬迁对农民家庭的整体影响，并详细分析了其对不同生命周期家庭的生计影响；第五章以典型村庄为观察点，分析了阜平县移民搬迁后村民生活质量的变化情况，并对搬迁工作的绩效进行了评价；第六章分析了移民搬迁后耕地的利用问题；第七章分析了移民搬迁后的耕地流转问题；第八章提出了阜平县移民搬迁工作的完善措施。

本书意在详细介绍和分析县域移民搬迁问题，目的是通过此案例分析，为系统认识移民搬迁对乡村社会发展和农户生计转型的影响提供一个全方位的图景，也从县域发展层面总结、梳理我国移民搬迁工作的基层经验。

本书所依据的资料是多次调查的结果。由于村民在不断流动，难以获得固定样本的数据，所以对村民生活变化、农户态度变化的分析中可能存在误差。书中难免有不当甚至错误之处，敬请读者斧正。

本书是课题组老师和其所带硕士生团体合作的结果。感谢陈猛超、王小云、刘子千、刘帅、张红勋、魏亚华、苏瑶灿、郝聪辉、桂松、牛静等学生的辛苦付出。大家一起调研、一起讨论的画面似乎就发生在昨天，又似乎已很遥远。谨以此书纪念我们曾经一起工作过的日子。

作　者

2022 年 4 月 30 日

目 录
Contents

第一章 阜平县移民搬迁的必要性及布局分析

随着新农村建设的推进和新型城镇化的实施，我国农村建设取得瞩目成效。河北平原地带的乡村，在工业化和城镇化的带动下，已有较快发展。而处于山区的村庄经济发展较慢，村庄分布散乱、基础设施差、农民生活相对贫困。近年来，各级政府对山区经济社会发展的扶持力度逐步加大，并开展了以移民搬迁为主要内容的山区乡村建设活动，为山区乡村发展提供了机会。2020年中央1号文件要求扎实搞好农村人居环境整治，强调完善县域村镇体系规划和村庄规划，改善农民居住条件，要推进山水林田路综合治理、农村环境集中连片整治。这为阜平县移民搬迁提供了前所未有的机遇。

第一节 阜平县县域概况与发展趋势

一、县域自然地理概况

阜平县位于河北省保定市西部，太行山中北部，大清河水系沙河上游，是两省四市九县交汇处，向北距离首都北京275公里，向南距离省会机场110公里，向西距离佛教圣地五台山78公里，向东距离古城保定140公里，被誉为"冀晋咽喉""畿西屏障"。

阜平县整个县域都属于山区，自然和人文资源丰富：一是荒地资源丰富，山地面积326万亩[①]，占总面积的87%，可供开发整治的荒山约为52万亩，通过合理开发可增加耕地、园地或林地规模；二是水资源丰富，阜平县境内河流众多，水资源总量为4.2亿米³，人均1850米³，是保定市人均水资源占有量的5.9倍，河北省的8倍，全国的4倍；三是旅游资源丰富而多样，"绿色"自然景观独特，"红色"革命老区景点突出，人文景观历史源远流长，有开发价值的旅游景点至少有63处，目前仅开发利用12处，旅游业的发展潜力巨

---

① 亩为非法定计量单位，1亩≈667米²。下同。——编者注

大；四是森林资源丰富，全县森林覆盖率已达39.47%，植被覆盖率高达80%以上，生态优势突出。丰富的自然资源和人文资源为阜平县因地制宜开展各项社会经济建设提供了资源基础。

二、阜平县村庄发展演变的趋势

(一)山区村庄发展演变阶段

优化、整合村庄是阜平县村庄建设的未来主要工作。我国乡村空间结构演变大致经过三个阶段：形态萌芽、成长和成熟。这三阶段由低到高，逐步发展，呈现出螺旋式的动态结构。

1. 形态萌芽阶段

20世纪80年代末，农村经济社会发展速度加快，乡村产业呈现多元化发展格局，与此同时，村庄居住环境也得到改善。各地区村庄一改整齐划一的传统村庄布局模式，不同功能的村庄不断强化自身特色，开始分化发展。然而由于缺乏村庄规划、宅基地管理不规范，村民建房多处于无序化、不均衡的发展状态。

2. 成长阶段

20世纪90年代以后，一些园区和产业集群开始小规模发展，一些乡镇发展加速，乡村人口开始向城镇转移，导致乡村劳动力减少，部分地区的农村居民点出现了"空心化"的现象。

3. 成熟阶段

进入21世纪以来，人们对房屋结构及环境有了较高的需求，住宅已经不仅仅局限于居住功能，增加了对生产、生活、卫生设施等的需求，村民更注重享受先进的社会文明，追求生态文明的和谐，对人居环境的品质要求越来越高。这就使得集中布局居民住宅成为主要的发展方向。

(二)阜平县村庄发展趋势

1. 适度集中化与规模化

伴随着城乡一体化的加速发展和山区居民思想意识的不断开放，山区乡村居民的生产生活方式不断变化。传统的基础设施落后、住宅分散的村庄，土地利用效率低下，居民需求无法得到满足，住宅集中发展成为必然趋势，村庄必然会向适度集中化和规模化的方向发展。

2. 居民点数缩减化

2016年河北省启动了美丽乡村建设和整村推进规划，对山区村庄结构和产业发展起到促进作用，山区人口加快了转移的步伐，尤其是偏远深山的村庄，居民点数量不断减少。

3. 村庄功能多元化

以前的农村结构、功能往往很单一，对山区村庄的长期发展有制约作用，向多元化、特色化转变将是必然。阜平县需要利用太行山区独特的自然条件和历史文化，适当推动新型产业发展，促进村庄经济的发展。

4. 村庄生态文明显化

城镇化的加速发展，促使城乡联系更加紧密，城市文化也将逐步影响乡村的发展。河北太行山区是国家重点扶持发展片区，将村落建成美丽乡村，实现其自身价值是一种必然。

第二节　阜平县移民搬迁动力分析

阜平县移民搬迁的动力来源于各级政府高度重视、区域专项规划支持等外部力量和农户的生产、生活、文化需求等内部动力，同时又包括山区环境脆弱、整合资金不足等制约条件的束缚。

阜平县移民搬迁受内外两种力量的影响，如图1-1所示。

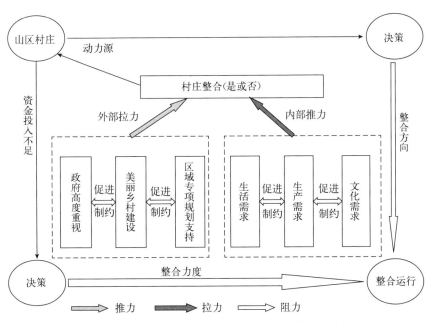

图1-1　基于推拉动力模型的山区村镇整合动力分析

一、移民搬迁的内部动力

（一）居民生活需求促使移民搬迁

2000年以来，阜平县经济有了一定的发展。居民迫切需要对村庄体系与村庄空间进行整合，改善乡村居住条件、公共服务水平和生态条件，以满足其生产生活的需要。

在实地调研中发现，居民对当前住房的满意度为 35%，不满意度高达 56%，希望到集镇或城区买房的农户占 38%；对所在村庄的公共设施服务满意度仅为 24%，不满意程度高达 57%；对村庄面貌满意度调查时，发现卫生满意度为 33%，绿化满意度为 43%。总体来看，农户渴望美好的生活，希望居住条件得到改善。

（二）生产条件恶劣驱动移民搬迁

随着经济的发展，阜平县传统农业需要逐步转型，农产品加工和山区特色旅游等二三产业应是村庄经济未来发展的重点。但是受地形地貌、用地结构和村庄分布凌乱的影响，大多数居民点属于限制开发区域，加之基础设施历史欠账多，村庄生产条件恶劣，农业现代化和特色化发展受到一定程度抑制，这必然对村庄结构的整合优化和功能升级提出新的要求。

阜平县耕地质量低，农业生产基础条件差，防御自然灾害能力弱，农业产出一直处于低水平状态。特别是山区丘陵地带，水资源开发利用程度低，基本上是靠天吃饭，农业发展受到严重制约。

（三）文化活动缺乏促使移民搬迁

随着经济实力的提升和农户可支配收入的增加，居民对文化的需求也在逐步提高，开展文化活动的热情也日益高涨。他们也产生了读书、健美的愿望。然而，现行的村镇结构及基础设施很难满足居民的这一需求。

在调研中发现，农户中需要和非常需要文化活动的占到 37% 和 29%。其中，选择健身广场和老年活动中心的比例高达 54% 和 66%。可见阜平县居民有文化设施建设的需求。

二、移民搬迁的外部动力

新时期下，河北省太行山区迎来了前所未有的发展机遇。各级党政部门高度重视农村的发展，对山区村庄出台了一系列扶持发展政策和区域专项规划，这为阜平县移民搬迁提供了强劲的外部动力。

（一）各级政府为移民搬迁提供保障

党的十八大以来，习近平总书记关于扶贫的讲话达 20 多次。李克强总理关于扶贫也屡次给出重要指示，并多次到贫困地区考察。中央组织开展全国性的扶贫大会，通过《中共中央 国务院关于打赢脱贫攻坚战的决定》（中发〔2015〕34 号），中央以前所未有的力度支持贫困地区发展，提出扶贫要精准，精准到村到户。

河北省委、省政府出台《关于贯彻落实〈中国农村扶贫开发纲要（2011—

2020 年)》的实施意见》《关于改革创新工作机制全力打好扶贫开发攻坚战的意见》《关于坚决打赢脱贫攻坚战的决定》等一系列文件，多次召开扶贫开发工作会议，部署扶贫脱贫具体工作，明确目标任务，出台系列扶贫政策，形成了前所未有的、上下联动的脱贫攻坚奔小康的时代发展机遇。这为河北省太行山区村庄整合优化提供了有力保障。

（二）美丽乡村建设为移民搬迁提供了契机

2016 年河北省委、省政府要求建设群众满意的新型乡村，并制定了新时期美丽乡村建设规划，提出坚持因地制宜、分类施策，力求实现美丽乡村全覆盖。制定了统筹推进、鼓励农户参与、尊重农户意愿的长久可持续的发展机制。

依照县域的镇村体系布局，阜平县将村庄划分为保留村、中心村和撤并村3 类。要求根据各村的具体情况，因地制宜地进行建设。对于保留村，要一村一策、就地改造。目前保留村的美丽乡村建设已完成。下一步，应对保留村继续进行改造完善——不断完善基础设施、优化公共服务能力，充分考虑农户居住特点，打造村村有特色、村村有产业的格局。对于撤并村，要整合资源、有序整治。

（三）区域专项规划让移民搬迁有规可依

区域支持政策能够打破原先村庄仅仅依靠自身资源而发展缓慢的瓶颈，为实现乡村空间资源优化、实现区域连片发展提供了条件。

受地形、地貌等自然条件的影响，阜平县交通设施历史欠账较多，这已成为山区发展的障碍之一。新时期下，阜平县可充分利用区域专项规划，大力完善山区交通设施，为阜平县社会经济发展创造条件。

三、移民搬迁的制约因素

（一）山区生态环境脆弱

阜平县村庄多分布在山区丘陵地带，生态环境脆弱，自然灾害时有发生。农业生产方面，田水的分布不均衡，有田的地方没水、有水的地方没田的情况普遍。阜平县的田地多为山坡地，土地贫瘠。"春旱、夏雹、秋早霜，一年一茬靠天收"，自然灾害多，农业抗风险能力弱。区域内大部分地区土地不平整，水土流失严重。土壤瘠薄，灌溉条件较差，农业生产成本高。发展与生态保护矛盾突出，产业结构调整受生态环境制约较大。

（二）资金投入不足

阜平县乡村经济社会发展缓慢，村庄整合成本高。村庄改造的投入主要依赖财政收入，但县本级专项资金捉襟见肘。由于尚未形成财政支持资金的长效增长机制，缺乏金融资本和城市工商资本进入的引导机制，村庄民间资本不活跃，山区村庄整合资金投入少。

（三）山区农户整体素质偏低

从阜平县农业发展情况看，农村资源环境亮起"红灯"，生产成本的"地板"持续抬升，农产品价格逼近"天花板"，农业补贴也难以增加。特别是新常态下，乡村经济发展更依赖于创新驱动，这会进一步影响技术和技能都缺乏的村民的就业和经营收入。太行山区农户多为文化素质低、生产技能差、老弱病残群体，进行村村整合和产业结构调整的工作难度很大。

第三节　乡镇功能定位与村庄等级体系整合

运用功能定位法，对研究区域内各乡镇的功能值进行测算，分析各乡镇的主导功能，以此为依据，结合乡镇中村庄的现状，遵循村庄等级体系重构原则，确定研究区域的村庄体系优化方案，这是移民搬迁的基础性工作。

一、乡镇功能定位分析

（一）乡镇功能的内涵与特征

1. 乡镇功能的内涵

乡镇作为乡村的聚居地，一方面满足人们生活、生产等的基本需要，同时还得满足居民参与社会活动的需要。村庄功能应该包括经济功能、社会功能、文化功能和生态功能。乡镇功能是一种通过发挥自身潜能及其与其他系统共同作用所产生的对自然界或人类发展具有有益作用的特性。乡镇功能的变化趋势往往都能够适应其所在区域的生产发展条件，并相互促进、不断完善。

2. 乡镇功能的特征

乡镇功能有层次性、动态性、多样性和关联性四大特征，各类村镇功能结构如图1-2所示。

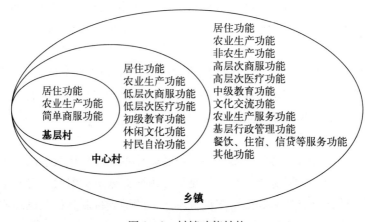

图1-2　村镇功能结构

（二）乡镇功能的类别划分

从研究的视角来看，功能分类的依据不同，其功能类型划分也不同。本书按照功能的要素属性，将乡镇功能划分为经济功能、社会功能、文化功能和生态功能。

1. 经济功能

经济功能是乡镇的基本功能，是维系乡镇生存和发展的动力功能。乡镇是与自然联系最为紧密的地方，自然资源丰富，土地面积广阔，人口分布相对稀疏。这种完全不同于城市的特殊的人地关系，决定了乡镇经济发展的独特优势，也决定了乡镇具有城市不可替代的经济功能，主要体现在农产品保障、非农业生产和乡村休闲旅游等功能。

2. 社会功能

社会功能是指社会中的某个系统，在维护社会秩序和保护社会功能正常运行方面所发挥的影响力。乡村地域的社会功能主要包括人口承载功能、社会治理功能和社会保障功能。

3. 文化功能

乡镇是农村文化的主要积淀地和保留地。乡镇的文化功能主要体现在对乡村特色文化的传承。

4. 生态功能

乡镇的生态功能是指乡村地域在保障区域生态安全、提供生态服务方面的功能。生态服务功能是生态系统与生态过程所形成及所维持的人类赖以生存的自然环境条件与效用。乡村生态环境是人类生存和发展的基础。

（三）乡镇主导功能的定位

在社会经济快速发展的情况下，村庄未来的发展趋势要明确，要细化每一个村的功能，以形成可持续发展的乡镇功能体系。首先确定乡镇主导功能，进而优化乡镇区域范围内的村庄空间及其功能，是新时期乡村建设的基本工作思路。

乡镇是一个集多种功能于一体的载体。在不同的地域环境、不同的经济发展水平下，每种功能的作用强度和影响范围存在一定的差异。乡镇功能定位首先需要根据特定经济社会条件对乡镇进行评价，然后以此为基础，选定其主导功能。

乡镇地域多功能评价是科学评判地域功能的一种方法。该方法对乡镇的经济、社会和生态等各种功能进行综合分析，包含"静态"功能和"动态"功能两方面的基本属性。

（四）定位方法

1. 指标选取原则

（1）针对性。所选的指标一定要能够反映评价目标。

（2）代表性。考虑到乡镇多功能评价的复杂型，所选的指标尽可能全面覆盖评价内容。

（3）操作性。要确保所选的指标，能够获得数据的支撑，便于操作。同时，还要注意指标的时效性、稳定性等。

2. 构建指标体系

乡镇承载着经济、社会、文化、生态 4 个基本功能，每个功能均包含"静态"和"动态"两方面的指标，它们共同形成了评价指标体系。在已有成果的基础上，咨询了从事区域规划、村镇规划等领域的 20 位专家，多次修订，最终确定了乡镇功能评价指标体系（表 1-1）。

表 1-1　乡镇功能评价指标体系

类别	目标层	一级指标	二级指标	指标内涵
经济功能	农业生产功能	静态	农业总产值	农业生产水平
			农地面积	农业资源总量
			粮食总产量	粮食供给情况
		动态	农业总产值增长率	农业发展态势
			粮食总产量增长率	粮食安全情况
			人均耕地面积	耕地数量与质量
	非农生产功能	静态	工业总产值	工业发展水平
			服务业总产值	服务业发展水平
			工矿用地面积	工业资源情况
		动态	工业总产值增长率	工业增长趋势
			服务业总产值增长率	服务业发展水平
			交通优势度	交通便利程度
社会功能	社会保障功能	静态	常住人口	反映人口承载能力
			居民人均收入	反映收入水平
			从业人员比例	反映就业能力
			基础教育指数	反映生源流失情况
			万人医疗床位数	医疗条件情况
		动态	常住人口增长率	当地人口吸引能力
			居民收入增长率	居民收入水平
			财政收入增长率	政府的保障能力
文化功能	文化传承功能	静态	文化遗存指数	反映文化遗产存量
			特色自然文化指数	反映特色资源存量
		动态	年接待游客增量	旅游资源吸引能力
生态功能	生态服务功能	静态	生态服务价值总量	生态资源保护的规模
		动态	生态保护综合指数	政府的生态保护能力

3. 指标权重确定

本书采用主观与客观相结合的方法来确定指标权重。对目标层中各指标权重的确定采用主观赋权法。对于指标体系中的目标层的总权重，赋值为 1，其中静态功能的权重赋值为 0.5，动态功能权重赋值 0.5。对于指标体系中的二级指标层的权重确定采用客观赋权法，即熵权法确定。熵权法有着较强的数学理论，是一种较为客观的权重赋值法，被经济和社会研究普遍应用。熵权法通过确定指标变异的幅度计算出权重的值。一般来说，指标变异幅度随某信息熵的改变而变动，且呈反方向变动。具体计算步骤如下：

第一步，测算数据标准化值。乡镇功能评价指标较多，数值缺乏统一标准，无法直接比较。本书采用极限值法将各指标做归一化处理，避免量纲的干扰。公式为

$$Y'_{ab} = \frac{Y_{ab} - \min Y_b}{\max Y_b - \min Y_b} \qquad (1-1)$$

其中，Y'_{ab} 表示第 a 项功能的第 b 项指标的归一化值，Y_{ab} 表示第 a 项功能的第 b 项指标的实际值，$\max Y_b$ 和 $\min Y_b$ 表示第 a 项功能的第 b 项指标的最大和最小值。

第二步，测算综合标准化值 P_{ab}。公式为

$$P_{ab} = \frac{Y'_{ab}}{\sum Y'_{ab}} \qquad (1-2)$$

第三步，测算指标信息熵 E_b。公式为

$$E_b = \frac{\sum_{b=1}^{m} P_{ab} \ln P_{ab}}{\ln m} \qquad (1-3)$$

其中，m 表示研究范围内镇村的个数。

第四步，测算指标权重。公式为

$$X_b = \frac{1 - E_b}{n - \sum_{b=1}^{n} E_b} \qquad (1-4)$$

其中，X_b 是第 b 个指标权重，n 为指标数量。

（五）功能位计算

功能位是单元乡镇的某项功能与其他乡镇相比所处的地位，是"静态"功能和"动态"功能共同影响的结构。因此，功能位值的大小等于"静态"和"动态"功能强度发展指数之和，公式为

$$I_1 = \sum_{b=1}^{n} Y'_{ab} x_b, \quad I_2 = \sum_{f=1}^{k} Z'_{af} x_f \qquad (1-5)$$

同时，"静态"和"动态"两者功能强度发展指数是其各自指标的加权之和。

测算公式为

$$S_a = \sum_{b=1}^{n} Y'_{ab} x_b + \sum_{f=1}^{k} Z'_{af} x_f \qquad (1-6)$$

其中，I_1 表示某单项功能的"静态"指数，I_2 表示"动态"指数，S_a 表示所研究单元第 a 项功能指数。

二、村镇体系整合

村镇体系整合需要依据乡镇主导功能定位，充分考虑村庄自然状况、经济社会条件和民风民俗等情况，对保留村和撤并村进行选择，确定迁村并点的整合模式，构建新的村镇体系。

（一）保留村和撤并村选择

对乡镇功能定位后，根据测评结果，选取保留村和撤并村。

1. 保留村选择

该类村庄具有以下特点：

（1）区位条件。①村庄位于中心城区、镇区规划建设用地范围内；②位于风景名胜区内，可作为旅游服务点；③交通便利，与镇区和其他中心村有合理的间距，服务半径适宜。

（2）自身条件。①村庄风貌具有特色，具有历史文化保护价值；②村庄自身有一定规模，且在经济条件、农业基础等方面存在一定优势；③发展条件好，能为其他村庄提供基本的公共服务产品；④具有发展潜力和优势（如旅游资源、特色种植等）；⑤有足够的发展用地，可以接纳搬迁村，进行农村社区建设。

（3）特殊条件。村庄保留与撤并能否顺利实施，在很大程度上取决于农户的意愿。撤并整合过程中，如果农民搬迁意愿较弱，可定为保留村。

2. 撤并村选择

该类村庄具备以下特点：

（1）常住户数较少。按照前人相关研究，一个最基本的乡村生活单元的人口数量至少为50人。据此规模，人数不高于50人的自然村应该撤并。但考虑到山区乡村地形等特殊情况，山区撤并村的人口规模标准应该小于50人。这样，可减少土地使用，改善居民生活环境，缓解行政管理困难等。如果将撤并村的用地恢复为生态用地，还可提高当地环境承载能力。

（2）缺乏乡村产业基础，没有产业发展潜力，同时又地处偏远、交通不便。

（3）位于水源地一级保护区、文物古迹、生态和自然保护区等管辖范围内。

（二）村镇等级体系架构

山区村庄发展缓慢的原因之一在于缺少一个能够将乡村地区与中心地联系起来的分级恰当的空间结构。因此，构建一个中心明确、等级清晰的空间结构体系非常重要。

村镇体系重构的过程具有动态性和复杂性。乡镇主导功能不同，村镇体系架构模式也通常不同。

1. 农业主导型

山区农业主导型乡镇的村镇体系重构的核心是确保农业主导功能。按照中心地理论，人口集中居住的乡村居民点是分等级的，如建制镇、集镇、普通村庄等，不同等级的居民点承担的功能不同。不同等级的居民点的分布秩序和空间结构不同，规模大的高级居民点要为周边的小居民点提供小居民点自身难以提供的服务，如教育、医疗等。规模大的居民点服务的小居民点数（包括大居民点自身），用 K 值表示。山区村镇中 K 值一般为7。

中心村的选定是首要考虑的技术问题。中心村位置的选定要考虑服务半径、耕作半径等因素。根据相关研究，服务半径范围在 1.5～4.5 km，但山区大于平原地区；耕作半径受地形地貌、交通条件等多因素制约，山区中心村耕作半径小于平原地区，为 0.5～1.2 km。

在山区，中心村空间结构受区域环境、农业产业结构和交通干线影响较大。中心村多分布在集镇所在的路线上，基础村多分布在中心村所在的路线上。

2. 工业主导型

山区工业主导型乡镇的村镇体系整合的核心是确保工业主导功能。该类型乡镇的镇村空间布局宜选择集中布局模式。

但在山区，由于地形地貌等自然条件的影响，以及人们环保意识不断增强，工业主导型乡镇大规模发展不再可行，即使发展也多是围绕农产品中小规模加工来发展。

3. 生态服务功能主导型

生态服务功能主导型乡镇突出生态服务、生态安全和生态文化的保护以及休闲旅游的发展，村庄的生产功能被弱化。同时，该地区除历史文化遗存以外的村庄通常需要搬迁，以减少人类活动对生态资源的直接破坏。

第四节　阜平县各乡镇功能定位分析

一、阜平县发展空间定位

阜平县具有独特的自然条件优势、经济发展基础和各级政府的政策支持，这都会对全县区域空间定位产生影响。2014年8月，阜平县人民政府在《阜平重点县镇规划思路》中，确定了绿色安全农副产品生产加工基地、华北地区知名旅游目的地、科技引导型先进制造业基地、华北地区重要的物流通道和京津冀生态发展示范县的战略功能定位。

结合农村发展现状，农村产业发展要形成"一环、两轴、三区、六沟"的村镇产业布局结构。其中，"一环"指环贯全县的旅游发展环线；"两轴"为东西向沿S382省道和保阜高速的综合产业发展轴，南北向沿西阜高速、G207国道和县道320的综合产业发展带；"三区"指天生桥生态旅游区、古北越文化旅游区、城南庄红色旅游区；"六沟"指依托地形、水域形成的六条以农业为主、提升旅游开发的村庄产业发展沟。

二、阜平县村镇空间现状分析

2014年后，阜平县就开展了大规模的移民搬迁工作，当前村庄和人口都处于动态调整之中。所以，本书依据2013—2014年的情况对阜平县村庄空间布局问题进行分析。

（一）村庄个数较多，村镇体系有待完善

2014年，阜平县总人口205 499人，有209个行政村和1 194个自然村。平均每个行政村人口规模为957人，平均每个自然村人口规模为181人（表1-2）。村庄数量较多，且南部密集，西北稀疏。阜平镇、城南庄镇等中南部乡镇村庄数量较多，吴王口乡、龙泉关镇等西北部乡镇村庄数量较少。

表1-2　2014年阜平县村庄基本情况

乡镇名称	乡镇总人口/人	行政村个数/个	自然村个数/个	行政村平均规模/人	自然村平均规模/人
阜平镇	43 422	30	194	1 447	224
平阳镇	27 149	22	75	1 234	362
城南庄镇	17 901	21	214	852	84
龙泉关镇	7 947	12	59	662	135
天生桥镇	11 124	13	80	856	199
王林口镇	19 840	20	54	992	367
台峪乡	8 339	8	70	1 042	119
史家寨乡	9 025	14	94	645	96
大台乡	12 679	9	63	1 409	201

（续）

乡镇名称	乡镇总人口/人	行政村个数/个	自然村个数/个	行政村平均规模/人	自然村平均规模/人
砂窝镇	13 077	15	93	872	141
吴王口乡	6 720	13	42	517	160
北果园镇	22 838	27	93	846	246
夏庄乡	5 388	5	63	1 078	86
合计	205 499	209	1 194	——	——
平均	15 803	16	92	957	181

注：平均值为各列的算数平均值。

阜平县乡镇数与行政村数的比例平均为1∶16，行政村与自然村的比例平均为1∶6。如果按照一个行政村管辖一个中心村来计算，这样的比例明显与中心地理论中的比例不相符。中心地理论中，受交通条件影响地区的 K 值应当取4，即上述两者比例应为1∶3。因此，显然，阜平县明显低于这个比例，村镇体系有待进一步优化。

（二）村庄人口规模小，土地浪费严重

表1-2的数据显示，全县行政村平均人口为957人，自然村平均人口为181人，村庄平均规模较小。受地形等因素影响，全县各乡镇人均住房面积较小，最少的是吴王口乡，人均住房面积仅为19.4米²。虽然各乡镇的人均建筑面积较小，但人均建设用地面积很大，各乡镇均在170米² 以上（表1-3）。

表1-3 2013年阜平县人均住房、建筑与建设用地面积对比情况

单位：米²

项目	阜平镇	平阳镇	城南庄镇	龙泉关镇	天生桥镇	王林口镇	台峪乡	史家寨乡	大台乡	砂窝镇	吴王口乡	北果园镇	夏庄乡
人均住房面积	28.0	30.0	30.0	24.0	23.9	29.7	25.0	24.0	29.0	23.0	19.4	29.2	22.0
人均建筑面积	68.0	117.0	75.0	84.0	77.2	62.2	59.0	50.0	55.0	69.0	19.5	75.2	53.0
人均建设用地面积	256.0	219.0	254.0	190.0	188.0	244.0	201.0	184.0	175.0	172.0	171.0	230.0	204.0

数据来源：2014年阜平县统计资料。

从村庄人口规模等级看，38.3%的行政村人口规模为500～1 000人，25.8%的行政村人口不足500人；48.9%的自然村人口规模少于100人，大于300人的自然村仅占到10%左右（表1-4）。且全县村庄规模差异明显，东南

部的村庄规模明显大于其他地区的，平阳镇、王林口镇、北果园镇等乡镇村庄规模较大。

表 1 - 4　2013 年阜平县村庄人口规模分级

乡镇名称	行政村/个					自然村/个					
	总计	<500 人	500～<1 000 人	1 000～<2 000 人	≥2 000 人	总计	<100 人	100～<200 人	200～<300 人	300～<400 人	≥400 人
阜平镇	30	9	8	8	5	194	78	57	35	9	15
平阳镇	22	6	7	6	3	75	19	22	8	3	23
城南庄镇	21	4	7	7	3	214	128	66	10	7	3
龙泉关镇	12	4	6	2	0	59	40	8	4	4	3
天生桥镇	13	1	7	5	0	80	51	13	9	0	7
王林口镇	20	5	7	6	2	54	10	15	5	7	17
台峪乡	8	1	3	4	0	70	41	18	5	3	3
史家寨乡	14	7	3	4	0	94	59	22	8	3	2
大台乡	9	3	1	2	3	63	25	19	7	4	8
砂窝镇	15	4	8	3	0	93	49	23	9	7	5
吴王口镇	13	7	6	0	0	42	18	9	12	1	2
北果园镇	27	2	15	10	0	93	26	23	13	12	19
夏庄乡	5	1	2	1	1	63	41	16	4	2	0
合计	209	54	80	58	17	1 194	585	311	129	62	107
占比	100.0	25.8	38.3	27.8	8.1	100.0	49.0	26.0	10.8	5.2	9.0

数据来源：根据 2014 年建档立卡数据库整理。

（三）阜平县各乡镇功能定位分析

1. 数据来源

考虑到数据的可获得性，本书共选取 25 个指标建立指标体系，测度阜平县 13 个乡镇的功能值，确定其主导功能。各指标的数据来源如下：①1994—2014 年阜平县统计年鉴；②2014 年阜平县建档立卡官网；③阜平县 13 个乡镇发展规划；④第二次土地利用调查；⑤实地调研。

2. 数据处理

对指标体系中的数据进行处理，步骤如下：①对各指标中的数据构建原始矩阵，通过极值法确定各指标最大和最小值，并进行标准化处理；②运用熵权法，结合主观赋值法，测算各指标的权重（表 1 - 5）。

表 1-5　阜平县乡镇功能评价指标权重

类别	目标层	一级指标	权重	二级指标	权重
经济功能	农业生产功能	静态 A_1	0.5	农业总产值 A_{11}	0.240 2
				农地面积 A_{12}	0.124 3
				粮食总产量 A_{13}	0.135 5
		动态 B_1	0.5	农业总产值增长率 B_{11}	0.138 4
				粮食总产量增长率 B_{12}	0.268 6
				人均耕地面积 B_{13}	0.093 0
	非农生产功能	静态 A_2	0.5	工业总产值 A_{21}	0.103 4
				服务业总产值 A_{22}	0.149 2
				工矿用地面积 A_{23}	0.247 4
		动态 B_2	0.5	工业总产值增长率 B_{21}	0.110 1
				服务业总产值增长率 B_{22}	0.178 2
				交通优势度 B_{23}	0.211 7
社会功能	社会保障功能	静态 A_3	0.5	常住人口 A_{31}	0.176 9
				居民人均收入 A_{32}	0.136 9
				从业人员比例 A_{33}	0.043 9
				基础教育指数 A_{34}	0.066 4
				万人医疗床位数 A_{35}	0.075 9
		动态 B_3	0.5	常住人口增长率 B_{31}	0.152 4
				居民收入增长率 B_{32}	0.220 4
				财政收入增长率 B_{33}	0.127 2
文化功能	文化传承功能	静态 A_4	0.5	文化遗存指数 A_{41}	0.257 8
				特色自然文化指数 A_{42}	0.242 2
		动态 B_4	0.5	年接待游客增量 B_{41}	0.500 0
生态功能	生态服务功能	静态 A_5	0.5	生态服务价值总量 A_{51}	0.500 0
		动态 B_5	0.5	生态保护综合指数 B_{51}	0.500 0

对五大功能运用主观赋权法进行计算，即目标层赋值1，静态和动态二级指标各赋值0.5。三级指标则用客观赋权法确定，用各个指标的标准值乘以权重得出各项指标的得分值（表1-6）。

表 1-6　阜平县各乡镇农业生产功能评价标准和得分

乡镇	A_{11}		A_{12}		A_{13}		B_{11}		B_{12}		B_{13}	
	标准	得分	标准	得分	标准	得分	标准	得分	标准	得分	标准	得分
龙泉关镇	0.000 0	0.000 0	0.000 0	0.000 0	0.000 0	0.000 0	0.000 0	0.000 0	0.300 1	0.080 6	0.000 0	0.000 0

（续）

乡镇	A_{11}		A_{12}		A_{13}		B_{11}		B_{12}		B_{13}	
	标准	得分	标准	得分	标准	得分	标准	得分	标准	得分	标准	得分
平阳镇	0.164 7	0.039 6	0.481 9	0.059 9	0.707 6	0.095 9	0.410 3	0.056 8	0.154 1	0.041 4	0.728 3	0.067 7
北果园镇	0.526 6	0.126 5	0.827 9	0.102 9	1.002 0	0.135 8	0.400 2	0.055 4	0.901 4	0.242 1	0.636 8	0.059 2
城南庄镇	0.641 5	0.154 1	0.344 2	0.042 8	0.472 4	0.064 0	0.371 8	0.051 5	0.661 3	0.177 6	0.587 5	0.054 6
大台乡	0.591 3	0.142 0	0.341 9	0.042 5	0.403 3	0.054 6	0.245 4	0.034 0	0.241 9	0.065 0	0.541 0	0.050 3
阜平镇	0.110 7	0.026 6	0.425 6	0.052 9	0.412 6	0.055 9	0.898 6	0.124 4	0.089 6	0.024 1	0.748 9	0.069 6
砂窝镇	1.000 0	0.240 2	0.517 8	0.064 4	0.547 8	0.074 2	0.624 7	0.086 5	1.000 0	0.268 6	0.693 4	0.064 5
天生桥镇	0.826 9	0.198 6	1.000 0	0.124 3	0.964 5	0.130 7	0.723 7	0.100 2	0.734 5	0.197 3	1.000 0	0.093 0
台峪乡	0.523 7	0.125 8	0.714 6	0.088 8	0.567 8	0.076 9	0.534 1	0.073 9	0.222 4	0.059 7	0.998 5	0.092 8
吴王口乡	0.243 5	0.058 5	0.714 6	0.088 8	0.709 4	0.096 1	1.000 0	0.138 4	0.264 5	0.071 0	0.826 7	0.076 9
夏庄乡	0.208 9	0.050 2	0.493 2	0.061 3	0.534 7	0.072 5	0.814 5	0.112 7	0.000 0	0.000 0	0.743 6	0.069 2
史家寨乡	0.341 5	0.082 0	0.671 3	0.083 4	0.112 3	0.015 2	0.247 3	0.034 3	0.992 5	0.266 7	0.776 8	0.072 2
王林口镇	0.156 7	0.037 6	0.771 4	0.095 9	0.567 6	0.076 9	0.167 9	0.023 3	0.158 2	0.042 5	0.241 7	0.022 5

乡镇	A_{21}		A_{22}		A_{23}		B_{21}		B_{22}		B_{23}	
	标准	得分	标准	得分	标准	得分	标准	得分	标准	得分	标准	得分
龙泉关镇	1.000 0	0.103 4	0.443 1	0.066 1	0.104 5	0.025 9	0.168 9	0.018 6	0.000 0	0.000 0	1.000 0	0.211 7
平阳镇	0.381 7	0.039 5	0.103 4	0.015 4	0.114 5	0.028 3	0.531 7	0.058 5	0.767 6	0.136 8	0.740 1	0.156 7
北果园镇	0.114 1	0.011 8	0.713 4	0.106 4	0.017 8	0.004 4	0.289 9	0.031 9	0.662 3	0.118 0	0.168 9	0.035 8
城南庄镇	0.652 4	0.067 5	0.051 1	0.007 6	0.073 9	0.018 3	0.702 3	0.077 3	0.867 8	0.154 6	0.000 0	0.000 0
大台乡	0.000 0	0.000 0	0.122 6	0.018 3	0.000 0	0.000 0	0.320 1	0.035 2	0.945 6	0.168 5	0.058 9	0.012 5
阜平镇	0.662 4	0.068 5	0.000 0	0.000 0	0.532 5	0.131 7	0.451 7	0.049 7	0.661 4	0.117 9	0.579 9	0.122 8
砂窝镇	0.482 6	0.049 9	1.000 0	0.149 2	0.310 1	0.076 7	1.000 0	0.110 1	0.675 5	0.120 4	0.582 1	0.123 2
天生桥镇	0.103 4	0.010 7	0.476 6	0.071 1	0.039 9	0.009 9	0.492 3	0.054 2	0.862 4	0.153 7	0.132 4	0.028 0
台峪乡	0.153 4	0.015 9	0.390 1	0.058 2	0.152 2	0.037 7	0.285 6	0.031 4	1.000 0	0.178 2	0.023 7	0.005 0
吴王口乡	0.666 8	0.068 9	0.513 4	0.076 6	0.120 1	0.029 7	0.000 0	0.000 0	0.593 7	0.105 8	0.277 8	0.058 8
夏庄乡	0.117 8	0.012 2	0.223 4	0.033 3	0.078 3	0.019 4	0.060 2	0.006 6	0.392 3	0.069 9	0.137 8	0.029 2
史家寨乡	0.125 4	0.013 0	0.461 1	0.068 8	0.089 7	0.022 2	0.144 5	0.015 9	0.342 1	0.061 0	0.453 2	0.095 9
王林口镇	0.342 3	0.035 4	0.447 8	0.066 8	0.246 7	0.061 0	0.431 2	0.047 5	0.332 3	0.059 2	0.400 0	0.084 7

乡镇	A_{31}		A_{32}		A_{33}		A_{34}		A_{35}		B_{31}		B_{32}		B_{33}	
	标准	得分	标准	得分	标准	得分	标准	得分	标准	得分	标准	得分	标准	得分	标准	得分
龙泉关镇	1.000	0.177	1.000	0.137	1.000	0.044	1.000	0.066	0.993	0.075	0.653	0.100	0.431	0.095	0.332	0.042
平阳镇	0.021	0.004	0.521	0.071	0.482	0.021	0.040	0.003	0.052	0.004	0.998	0.152	1.000	0.220	0.752	0.096
北果园镇	0.183	0.032	0.062	0.009	0.352	0.015	0.055	0.004	0.000	0.000	0.352	0.054	0.321	0.071	0.603	0.077

（续）

乡镇	A_{31}		A_{32}		A_{33}		A_{34}		A_{35}		B_{31}		B_{32}		B_{33}	
	标准	得分	标准	得分	标准	得分	标准	得分	标准	得分	标准	得分	标准	得分	标准	得分
城南庄镇	0.021	0.004	0.058	0.008	0.266	0.012	0.103	0.007	0.117	0.009	0.287	0.044	0.202	0.044	0.002	0.000
大台乡	0.053	0.009	0.053	0.007	0.288	0.013	0.072	0.005	0.181	0.014	0.000	0.000	0.258	0.057	0.453	0.058
阜平镇	0.000	0.000	0.058	0.008	0.422	0.019	0.092	0.006	0.243	0.018	0.341	0.052	0.175	0.039	0.904	0.115
砂窝镇	0.043	0.008	0.042	0.006	0.019	0.001	0.110	0.007	0.163	0.012	0.352	0.054	0.094	0.021	0.692	0.088
天生桥镇	0.080	0.014	0.072	0.010	0.415	0.018	0.042	0.003	0.114	0.009	0.102	0.016	0.200	0.044	0.834	0.106
台峪乡	0.011	0.002	0.041	0.006	0.418	0.018	0.024	0.002	0.300	0.023	0.392	0.060	0.491	0.108	0.998	0.127
吴王口乡	0.060	0.011	0.103	0.014	0.062	0.003	0.082	0.005	0.146	0.011	0.490	0.075	0.002	0.001	0.416	0.053
夏庄乡	0.020	0.004	0.000	0.000	0.000	0.000	0.000	0.000	0.121	0.009	0.591	0.090	0.211	0.046	0.774	0.098
史家寨乡	0.332	0.059	0.012	0.002	0.331	0.015	0.110	0.007	0.001	0.000	0.341	0.052	0.742	0.164	0.422	0.054
王林口镇	0.422	0.075	0.342	0.047	0.452	0.020	0.221	0.015	0.210	0.016	0.561	0.086	0.222	0.049	0.372	0.047

乡镇	A_{41}		A_{42}		B_{41}		A_{51}		B_{51}	
	标准	得分	标准	得分	标准	得分	标准	得分	标准	得分
龙泉关镇	0.494 4	0.127 5	0.361 3	0.087 5	0.731 5	0.365 8	0.241 7	0.120 9	0.999 9	0.500 0
平阳镇	0.498 8	0.128 6	0.142 6	0.034 5	0.015 6	0.007 8	0.000 3	0.000 2	0.052 1	0.026 1
北果园镇	0.998 9	0.257 5	0.000 1	0.000 0	0.163 3	0.081 7	0.146 5	0.073 3	0.173 4	0.086 7
城南庄镇	0.298 8	0.077 0	0.997 8	0.241 7	0.834 5	0.417 3	0.995 7	0.497 9	0.892 1	0.446 1
大台乡	0.091 1	0.023 5	0.024 3	0.005 9	0.013 7	0.006 9	0.102 2	0.051 1	0.587 7	0.293 9
阜平镇	0.010 0	0.002 6	0.042 3	0.010 2	0.010 0	0.005 0	0.572 4	0.286 2	0.073 2	0.036 6
砂窝镇	0.031 2	0.008 0	0.462 3	0.112 0	0.395 2	0.197 6	0.834 5	0.417 3	0.274 5	0.137 3
天生桥镇	0.007 0	0.001 8	0.572 5	0.138 7	0.492 8	0.246 4	0.972 1	0.486 1	0.482 3	0.241 2
台峪乡	0.012 2	0.003 1	0.030 0	0.007 3	0.017 7	0.008 9	0.092 5	0.046 3	0.174 5	0.087 3
吴王口乡	0.000 2	0.000 1	0.023 3	0.005 6	0.003 2	0.001 6	0.315 8	0.157 9	0.028 7	0.014 4
夏庄乡	0.000 8	0.000 2	0.000 0	0.000 0	0.000 1	0.000 1	0.264 3	0.132 2	0.000 4	0.000 2
史家寨乡	0.367 7	0.094 8	0.000 1	0.000 0	0.005 2	0.002 6	0.027 4	0.013 7	0.015 0	0.007 5
王林口镇	0.002 1	0.000 5	0.001 0	0.000 2	0.043 0	0.021 5	0.025 4	0.012 7	0.002 3	0.001 2

3. 功能值测算

根据各指标得分，分别求出阜平县 13 个乡镇五大功能得分，并进行排序。计算结果见表 1-7。

表 1-7　阜平县各乡镇功能得分与排序

乡镇	农业生产功能		非农生产功能		社会保障功能		文化传承功能		生态服务功能	
	得分	排序	得分	排序	得分	排序	得分	排序	得分	排序
龙泉关镇	0.080 6	13	0.425 7	4	0.736 2	1	0.580 7	2	0.620 8	3
平阳镇	0.361 2	10	0.535 2	2	0.571 1	2	0.170 9	6	0.026 2	11
北果园镇	0.721 9	3	0.308 3	10	0.261 2	6	0.339 2	4	0.160 0	8
城南庄镇	0.544 6	5	0.325 3	9	0.127 4	13	0.735 9	1	0.943 9	1
大台乡	0.388 4	8	0.234 5	12	0.162 2	12	0.036 2	8	0.345 0	5
阜平镇	0.353 5	11	0.629 5	1	0.256 5	7	0.017 8	11	0.322 8	6
砂窝镇	0.365 8	9	0.490 6	3	0.196 2	10	0.317 6	5	0.554 5	4
天生桥镇	0.298 6	12	0.327 6	7	0.219 5	9	0.386 9	3	0.727 2	2
台峪乡	0.518 1	7	0.326 4	8	0.345 2	5	0.019 3	10	0.133 5	9
吴王口乡	0.529 8	6	0.339 9	6	0.172 1	11	0.007 5	12	0.172 3	7
夏庄乡	0.798 3	2	0.170 6	13	0.247 6	8	0.000 3	13	0.132 4	10
史家寨乡	0.553 9	4	0.276 8	11	0.351 5	4	0.097 4	7	0.021 2	12
王林口镇	0.842 1	1	0.354 6	5	0.353 6	3	0.022 3	9	0.013 9	13

(四) 阜平县各乡镇主导功能定位

1. 各乡镇功能值分析

(1) 农业生产功能。从表 1-7 来看，农业生产功能得分超过 0.5 的有 7 个乡镇，包括王林口镇、夏庄乡、北果园镇、史家寨乡、城南庄镇、台峪乡和吴王口乡。这与阜平县整体的农业主导型经济发展现状是一致的。

(2) 非农生产功能。整体上，全县非农生产功能较弱，功能得分大于 0.5 的仅有阜平镇和平阳镇，分别为 0.629 5 和 0.535 2。其他乡镇该项功能值较小，大部分处于 0.2～0.3，这说明全县非农生产功能较弱。

(3) 社会保障功能。全县社会保障功能得分超过 0.5 的有龙泉关镇和平阳镇 2 个乡镇，其他各乡镇功能值较小，处于 0.2～0.3。这主要因为全县经济发展水平落后，各乡镇的人口承载、就业和教育医疗等方面的功能较弱。

(4) 文化传承功能。阜平县各乡镇中文化传承功能得分高于 0.5 的乡镇有 2 个，为城南庄镇和龙泉关镇，其他 11 个乡镇都小于 0.4。龙泉关镇是长城文化遗产的重要组成部分，也是玉皇阁等古迹所在；城南庄镇是革命圣地，不仅是晋察冀军区司令部及晋察冀边区人民政府所在地，还是西柏坡红色文化旅游区的重要组成部分。这些资源对当地文化传承具有重要意义。

(5) 生态服务功能。该项指标功能得分排在前 5 的乡镇有：城南庄镇、天生桥镇、龙泉关镇、砂窝镇、大台乡。这 5 个乡镇生态资源丰富，天生桥镇以天生桥风景名胜区为核心，包括"太行山深处的香格里拉"、仙人山、千峰山等资源；砂窝镇以矿石开采为主的发展模式不可持续，出于生态恢复和旅游景观营造的考虑，亟须对生态进行恢复和保育；大台乡生态环境优美，尚未受到工业发展的影响。

2. 各乡镇主导功能定位

阜平县 13 个乡镇的自然条件、经济社会状况等不同，决定了各乡镇在县域发展中承担的功能不同。依据各乡镇功能分析的情况，结合未来县域发展规划，确定各乡镇主导功能（表 1-8）。

表 1-8　阜平县各乡镇功能值排序与定位

乡镇	农业生产功能	非农生产功能	社会保障功能	文化传承功能	生态服务功能	主导功能
龙泉关镇	13	4	1	2	3	文化传承型
平阳镇	10	2	2	6	11	商贸型
北果园镇	3	10	6	4	8	农业生产型
城南庄镇	5	9	13	1	1	文化传承型
大台乡	8	12	12	8	5	生态服务型
阜平镇	11	1	7	11	6	综合型
砂窝镇	9	3	10	5	4	生态服务型
天生桥镇	12	7	9	3	2	生态服务型
台峪乡	7	8	5	10	9	农业生产型
吴王口乡	6	6	11	12	7	农业生产型
夏庄乡	2	13	8	13	10	农业生产型
史家寨乡	4	11	4	7	12	农业生产型
王林口镇	1	5	3	9	13	农贸型

三、阜平县村庄空间整合

受历史和自然条件影响，阜平县村庄大部分属于自然衍生型，规模偏小、分散凌乱。这在一定程度上造成土地浪费，生态系统破坏，而且建设成本较高。因此，适度的村庄体系整合、迁村并点是山区持续发展的必然要求。

（一）保留村和撤并村选择

参照前述保留村和撤并村的标准，以各乡镇主导功能为方向，结合各乡镇村庄的建筑年代、质量和使用状况，统筹制定了全县村庄分类原则（表1-9）。

表1-9　阜平县村庄具体分类原则

分类			界定原则
保留村	城镇化型		村庄位于中心城区、镇区规划建设用地范围内
	整治型	特色村	位于风景名胜区内，可作为旅游服务点
			村庄风貌具有特色，具有历史文化保护价值
		整治提升村	村庄自身有一定规模，且在区位条件、农业基础等方面存在一定优势，如搬迁整合前，农民搬迁意愿较弱，可定为整治型村庄
撤并村	集聚型		有足够的发展用地，可以接纳搬迁村，进行农村社区建设
			发展条件好，交通便利，能为其他村庄提供基本的公共服务产品
			与镇区和其他中心村有合理的间距，服务半径适宜
			具有发展潜力和优势（如旅游资源、特色种植等）
			集聚后有适宜的人口规模和经济规模
	搬迁型		常住户数较少
			没有农业产业支撑，非农产业不发达
			位于偏远山区，交通不便，缺乏基本的基础设施和社会服务设施
			位于水源地一级保护区、文物古迹、生态和自然保护区、滞洪区、地质灾害范围内，发展受到制约

将村庄分为2大类4小类。所有村庄分为保留村和撤并村2大类。其中，保留村又分为整治型和城镇化型2小类，撤并村又分为集聚型和搬迁型2小类。其中，集聚型村庄69个，此类村庄多分布在商贸型的乡镇；整治型村庄22个，这样的村庄多分布在文化传承型和生态服务型的乡镇。村庄体系整合方案见表1-10。

表1-10　阜平县各乡镇四类村庄整合情况

乡镇	集聚型村庄	整治型村庄		搬迁型村庄	城镇化型村庄		合计
		特色村	整治提升村		城区	镇区	
夏庄乡	5	0	0	58	0	0	63
台峪乡	4	4	0	62	0	0	70
阜平镇	8	2	0	145	39	0	194
王林口镇	4	0	0	41	8	1	54
大台乡	4	0	0	57	0	2	63
龙泉关镇	5	5	0	46	0	3	59
城南庄镇	7	4	0	188	0	15	214
沙窝镇	5	0	0	86	0	2	93

（续）

乡镇	集聚型村庄	整治型村庄		搬迁型村庄	城镇化型村庄		合计
		特色村	整治提升村		城区	镇区	
史家寨乡	3	0	2	84	0	5	94
天生桥镇	5	1	0	68	0	6	80
吴王口乡	4	3	0	35	0	0	42
北果园镇	7	0	0	86	0	0	93
平阳镇	8	0	1	64	0	2	75

（二）村庄空间整合模式

在选定保留村和撤并村后，一方面针对保留村确定其村庄布局，明确村庄空间结构、规模与发展特色，明确村庄发展分类，提出分类发展指引，另一方面确定撤并村农户搬迁去向。

根据阜平县的实际，确定其村庄布局模式有四种（图1-3）。

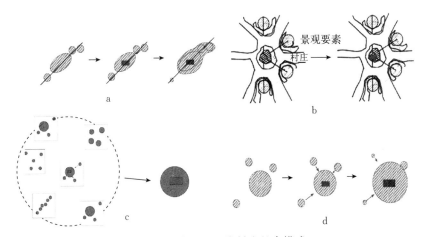

图1-3　阜平县四类村庄整合模式

a. 城镇周边聚集模式　b. 特色保留模式　c. 主轴发展模式　d. 子母发展模式

（1）城镇周边聚集模式。依托城区或城镇资源，在其周边建设居民点，吸纳周边撤销的村庄，此种方法可大片区推进。具体来讲，它适合县城、城南庄镇、平阳镇等发展水平较高的村庄。

（2）特色保留模式。保持现有村庄格局，完善村庄基础设施建设，强化村庄特色。该模式适合名胜古迹区域内的村庄。

（3）主轴发展模式。向规模较大且有发展空间的村庄集中，适用于公路沿线带的村庄。

（4）子母发展模式。向规模较大且有发展空间的村庄集中，中心村扩大，周边村庄逐步萎缩。

第二章　阜平县移民搬迁政策及其实施

易地搬迁是对村庄进行整合的一种方式。由于耗资巨大，往往借助城乡建设用地增减挂钩项目来实施。城乡建设用地增减挂钩是提高建设用地利用效率、解决城镇现实用地压力的有效手段，也是农村基层政府利用相对丰富而又低效利用的宅基地资源、借助建设用地指标交易来换取乡村建设所需的资金，推进农村发展的重要途径。阜平县是山区县，大部分地区自然条件较差，交通不便，符合易地搬迁的条件。同时，作为山区县，阜平县的居民点内户与户之间距离较远，居民点用地利用效率较低，这为增减挂钩政策的运用提供了充足的空间。因此，阜平县采取增减挂钩和易地搬迁相结合的方式，推进村庄整治。

第一节　整村移民搬迁的基本政策

一、城乡建设用地增减挂钩政策

（一）国家政策

在我国城市化进程中，出现了人口和土地的空间布局不协调问题，人口虽然大量向城市集中，但乡村的建设用地有增无减，使我国建设用地的供给冷热不均。一方面，城市建设用地越来越紧张；另一方面，农村建设用地尤其是居民点用地大量废弃和闲置。中国科学院重大项目课题组对山东、河南等地120个典型村、4.5万块宗地进行跟踪调查和测算，发现通过农村废弃土地整治可以使村庄有效土地面积增加46%～54%，可以净增耕地13%～15%。全国建设用地总量的51%是农村居民点建设用地，这种用地结构与我国的人地资源比例状况完全相悖。村庄低效、无效用地急需再开发。由于山区住房过于分散，村庄中低效利用的建设用地难以就地用于工商业发展。通过城乡建设用地增减挂钩，将村庄低效用地复垦为耕地，并将其所占用的建设用地指标置换到城镇，既可以解决城镇人口和产业发展所需要的空间问题，也有利于整合建设用地的布局，实现城镇、非农产业的集聚发展，使农村、农民和城市、市民都得到好处。

一般认为从 2000 年 11 月国土资源部发布《关于加强土地管理促进小城镇健康发展的通知》起，国家开始政策引导拆旧与建新挂钩。该通知规定"在新增建设用地方面，为加强建新拆旧的顺利实施，可供给规划中得到批准的试点小城镇一定的占用耕地的周转指标"，当时被命名为城乡建设用地增加与农村建设用地减少相挂钩。同年 12 月，国土资源部《关于加强耕地保护促进经济发展若干政策措施的通知》中提出了建设用地指标置换政策和农用地整理指标折抵政策。2004 年 10 月，国务院《关于深化改革严格土地管理的决定》中提出了鼓励农村建设用地整理，并明确了建设用地在城乡之间的增减挂钩关系。

2005 年 10 月，增减挂钩政策正式提出，国土资源部《关于规范城镇建设用地增加与农村建设用地减少相挂钩试点工作的意见》中提出了增减挂钩的工作原则、规模控制和管理、主要内容、主要任务、规划应遵循的原则，增减挂钩进入试点推进阶段。2006 年 4 月，国土资源部《关于天津等五省（市）城镇建设用地增加与农村建设用地减少相挂钩第一批试点的批复》明确了在天津、江苏、山东、湖北、四川五省（市）开展城乡建设用地增减挂钩试点工作，2008 年和 2009 年又追加了 19 个试点。2007 年 7 月，国土资源部《关于进一步规范城乡建设用地增减挂钩试点工作的通知》就挂钩试点工作的有关问题进行进一步规范，强调要统一思想，明确要求，严格管理，稳步推进城乡建设用地增减挂钩试点工作。2008 年 6 月，国土资源部印发《城乡建设用地增减挂钩试点管理办法》，深层次地规范了挂钩工作，规范了挂钩的遵循原则，明确规定增减挂钩政策中的耕地不能跨省域流转。2010 年 12 月，国务院《关于严格规范城乡建设用地增减挂钩试点切实做好农村土地整治工作的通知》概括了挂钩的试点情况，提出了一些问题，例如：为了得到更多的建设用地指标，有的地方私自在未经批准的情况下，扩大试点范围；也有的在过程中违背农民意愿，实行强拆；等等。2011 年 11 月，国土资源部《关于严格规范城乡建设用地增减挂钩试点工作的通知》规定增减挂钩必须符合土地利用总体规划和土地整治规划、纳入土地利用年度计划，同时建立增减挂钩试点在线监管制度、指标体系、在线报备系统，增减挂钩进入试点规范阶段。

经中央批准，在 2014 年允许国家确定的 11 个连片特困地区将增减挂钩节余用地指标在省域范围内流转使用。2015 年 11 月 29 日，《中共中央 国务院关于打赢脱贫攻坚战的决定》提出"利用增减挂钩政策支持易地扶贫搬迁"。国土资源部 2016 年 2 月发布的《关于用好用活增减挂钩政策积极支持扶贫开发及易地扶贫搬迁工作的通知》和 2017 年 4 月发布的《关于进一步运用增减挂钩政策支持脱贫攻坚的通知》，正式提出将增减挂钩与扶贫攻坚工作相结合，要求加大对扶贫开发及易地扶贫搬迁地区增减挂钩指标支持，并规定贫困地区可将增减挂钩节余指标在省域范围内流转使用。2018年3月国务院办公厅发布《城乡建设用地增减挂钩节余指标跨省域调剂管理办法》，正式实施跨省域的增减挂钩指标交易工作，并建立了增减挂钩节余指标的跨省域调剂机制，统一制定跨省域调剂节余指标价格标准。同年7月，自然资源部印发《城乡建设用地增减挂钩节余指标跨省域调剂实施办法》，规范了推进城乡建设用地增减挂钩节余指标跨省域调剂工作，标志着我国增减挂钩政策进入成熟运行阶段。

（二）河北省政策

2011年3月，《河北省人民政府关于严格规范城乡建设用地增减挂钩试点切实做好农村土地整治工作的通知》发布，强调了增减挂钩工作的遵循原则。2012年9月，河北省连续发布了三个关于增减挂钩工作的文件：《河北省城乡建设用地增减挂钩试点管理暂行办法》规定了河北省城乡建设用地增减挂钩试点工作基本原则和程序；《河北省人民政府办公厅关于进一步加强耕地占补平衡工作的通知》，要求认真落实以补定占制度，将建设用地指标分配与补充耕地任务落实情况挂钩；《河北省城乡建设用地增减挂钩试点复垦验收暂行规定》规范了城乡建设用地增减挂钩试点复垦验收工作。2016年3月，河北省国土资源厅转发《国土资源部关于用好用活增减挂钩政策积极支持扶贫开发及易地扶贫搬迁工作的通知》，提出"省厅在安排增减挂钩指标时，重点支持贫困县（市）的扶贫开发和易地扶贫搬迁工作，对国家确定的燕山-太行山片区特困地区和片区外国家扶贫开发工作重点县共46个县（市），可将部分节余指标在省域范围内挂钩使用"。2016年7月11日《河北省国土资源厅关于启动城乡建设用地增减挂钩节余指标库的通知》提出，"为河北省国家级贫困县制定一些特殊的土地政策，政策期限上限定在2018年底"。

二、整村搬迁相关政策

（一）国家政策

整村搬迁是易地扶贫搬迁扶贫的重要开发模式。党的十八大以来，中央把扶贫开发工作列为重点实施工作，并将其作为我国发展的重要战略布局，而整村搬迁又成为易地搬迁扶贫的重要方式。习近平总书记高度重视整村搬迁扶贫相关工作，提出了具有中国特色、时代特征的扶贫开发理论和思想。《中共中央 国务院关于打赢脱贫攻坚战的决定》明确提出易地搬迁扶贫的政策，对于原有生活条件较差的地区，通过整村搬迁方式将原有的村庄外移，以改善百姓的生活条件，实现脱贫。2015年12月，李克强总理在北京举行的全国易地扶贫搬迁工作的电话会议上指出，要科学地规划搬迁扶贫工作，并充分尊重百姓的意愿，从根本上解决百姓居住环境条件恶劣、出行难、上学难等问题，对易地扶贫搬迁工作进行了动员部署，拉开了新时期易地扶贫搬迁工作的序幕。当月出台的《"十三五"时期易地扶贫搬迁工作方案》对易地扶贫搬迁的组织方式、后续扶持、监督考核等各方面作出了详细规定，成为新时期易地扶贫搬迁的指导方案。2016 年 4 月，习近平总书记在安徽考察时强调，扶贫要适应发展需要，因地制宜、创新完善。2016 年 7 月 20 日，习近平总书记在银川主持召开的东西部扶贫协作座谈会上，提出扶贫开发到了攻克最后堡垒阶段。2016 年 8 月 22—23 日，在贵州召开的全国易地扶贫搬迁的会议重点强调要把易地扶贫搬迁工作作为脱贫攻坚的"当头炮"，并要加强后期政策的制定，保障易地扶贫搬迁顺利开展，从而推动整村搬迁的进程。2018 年 3 月，国家发展和改革委员会印发《中国的易地扶贫搬迁政策》白皮书，介绍了易地扶贫搬迁阶段性进展，更好地阐释了新时期易地扶贫搬迁政策。2019 年 6 月，基于一部分易地搬迁项目已经验收入住的基本情况，国家发展和改革委员会联合多部门发布了《关于进一步加大易地扶贫搬迁后续扶持工作力度的指导意见》，明确了当前和今后一个时期做好易地扶贫搬迁后续扶持工作的总体要求、主要目标、重点任务和支持政策。

（二）河北省政策

2018 年 9 月河北省出台了《关于进一步做好易地扶贫搬迁安置区规划建设有关工作的通知》，从严格项目规划和施工许可管理、加强工程质量安全监管、完善工程项目招投标手续、快速完善配套设施建设、加强组织领导五个方面，对全省易地搬迁工作进行了全面部署。

第二节　阜平县移民搬迁的总体政策

一、阜平县移民搬迁的工作原则

（一）政府主导，市场运作，群众自愿

政府主导就是充分发挥政府宏观统筹、规划引领、组织协调、支持服务职能，保障美丽乡村建设工作依法、平稳、有力推进。市场运作就是充分发挥市场机制在美丽乡村建设中的积极作用，建立投融资平台，引入大型企业进行战略合作，确保农村新型社区高标准、高水平、高速度建设。群众自愿就是充分尊重农民意愿，以农民的根本利益和意愿为导向，不搞强制命令。

（二）规划先行，彰显特色，政策推动

规划先行就是以"立足脱贫、着眼小康、统筹城乡、合理布局、有利发展"为原则，科学编制全县城乡总体规划、中心镇区规划、村庄布点规划及居住区建设规划，作为美丽乡村建设工作的正确指引。彰显特色就是既要以把农村建设得更像农村为理念，在新社区建筑风格上因地制宜、彰显地方特

色，又要在运作模式和建设方式上有所创新和突破。政策推动就是衔接利用好国家各项支持政策，制定符合实际的县内支持政策，为美丽乡村建设提供支撑。

（三）妥善安置，合理补偿，后续保障

妥善安置就是顺应群众需要，采取集中安置、分散安置和货币安置相结合的方式对群众进行安置。合理补偿就是对村民合法宅基地、原有的房产等附着物、其他用地等评估价值超出新安置住房建安成本的部分进行合理补偿。后续保障就是积极探索推行生活补贴、养老保险、组织化劳务输出、土地（林地）流转开发经营、旅游扶贫、金融保险扶贫、户籍管理改革等新机制，与美丽乡村建设工作统筹推进。

（四）民主决策，依法推进，严格监督

民主决策就是全面推行集体决策、民主决策和专业咨询决策，确保决策事项科学合理，符合村情民意。依法推进就是委托项目管理专业机构参与指导美丽乡村建设全过程，确保每个环节合法合规推进。严格监督就是探索建立村民监督、审计监督、法律监督等机制，确保每个环节阳光透明，规范运行。

二、阜平县移民搬迁工作实施步骤

阜平县移民搬迁工作坚持政府主导、专家领衔、公众参与、部门合作、科学决策的工作方针，形成政府主导、国土部门搭建平台、相关部门积极参与并各司其职的责任机制。由国土资源局做主导部门，主要负责项目总体规划、送审批报、工作验收等工作，在各试点乡镇成立工作小组，由乡镇、村、驻村工作组共同参与。具体工作实施步骤如下。

（一）基础工作

由乡镇、村、驻村工作组共同参与完成村庄建设规划设计，然后进行工作调研，研究确定村庄选址、住宅形式、功能布局等问题。依据村庄建设规划和地质勘察结果，完善住宅、基础设施、公共建筑等建设工程的施工设计，绘制施工图。

召开村"两委"会、党员会议、村民代表会议或户主会，宣传村庄搬迁整合工作的重大意义、主要政策和规划设计情况，统一干部群众思想。入户走访，发放明白纸（含规划设计图和基本政策），面对面沟通交流讲解政策、解疑释惑。组织干部群众参观学习村庄搬迁整合的典型案例，增强信心和动力。

逐户征求村民意愿，户主签字、按手印确认，同意率原则上达到90%以上的村庄才启动项目实施。按照村民自治要求，召开村"两委"会（必开）、党员大会、村民代表会议（必开），作出村庄搬迁整合工作决议，保留会议记录和影像资料。公示大会决议结果，公示期一般不少于5天，留存影像档案资料。

依法确定专业评估公司，由专业评估公司依据《阜平县村庄搬迁整合城乡建设用地增减挂钩项目拆迁补偿办法》和《阜平县村庄搬迁整合城乡建设用地增减挂钩项目土地补偿指导办法》，按照房地分离的原则逐户进行财产评估，建立评估档案。驻村工作组和村"两委"对评估结果进行初步审核，逐户核实，对发现的问题提交评估公司按程序校正，然后召开更大范围的会议（包括党员、村民代表、小组长、老干部等）进行审议。公开公示评估结果，公示期一般不少于5天，留存影像档案资料。公示期村民提出异议的，由评估公司按程序进一步核实校正。

实施项目成本核算，在县里委托的项目管理公司的配合下，对住房、公共服务设施、基础设施建设和规划设计、地质勘察、财产评估、施工监理、项目管理等费用进行成本核算。核算资金支撑能力：①农村建设用地增减挂钩项目流转指标收益测算，由国土部门聘请专家进行实地勘察，测算出能流转的土地指标占比，结合当前流转价格，测算流转收益；②易地搬迁政策支持资金核算；③棚户区改造和城中村改造政策资金核算；④中心村示范县、示范点建设支持资金核算，进行收支平衡测算，在初步明确项目实施成本和资金支撑能力的基础上，对本村收支平衡情况进行村级核算。

按照全县村庄搬迁整合安置补偿基本政策框架，结合本村实际研究出台村庄搬迁整合安置补偿具体办法。同时，按照村庄搬迁整合安置补偿具体办法等相关规定，结合村情和村民意愿，制定住房分配办法。村庄搬迁整合安置补偿具体办法和住房分配办法报乡镇和县美丽乡村建设领导小组审批。审批同意后，经村民代表会议讨论通过并公示。公示期一般不少于5天，留存影像档案资料。针对村庄搬迁整合安置补偿具体办法第二次逐户征求意见，并了解住房面积、户型、楼层等需求，户主签字、按手印确认。同意率达到85%以上后确定项目实施。

（二）签订协议

依法编制《村庄搬迁整合安置补偿合同书》文本。根据村民家庭人口构成、置换能力、年居住时间长短等因素，合理引导村民选择住房，妥善解决新社区户型设计结果与农户住房需求意愿存在偏差的问题。由村民委员会（以下简称村委会）与村民逐户签订《村庄搬迁整合住房安置补偿合同书》或《村庄搬迁整合货币安置补偿合同书》，一式五份，农户、村委会、乡镇各留存一份，农村建设用地增减挂钩项目立项报卷一份，阜平县康平易地扶贫搬迁开发投资有限公司一份。对协议签订情况进行依法公证。

（三）启动增减挂钩项目

搬迁整合协议签订率达到规定后，由乡镇政府报请县政府批准启动立项工作，并提交拆旧区、建新区涉及的村庄名单及各村人口、面积、自然地理概况等说明材料。县政府将乡镇政府申报的资料批转国土、规划、住建等相关部门进行审查或召开专题会议研究，各部门审查同意后，县政府批准启动立项工作。由国土部门按程序将可流转指标在政策规定范围内进行流转。

由乡镇政府配合对项目区进行勘测、设计。按照增减挂钩报批要求编制项目区实施规划文本，组织其他报批材料，各部门按要求提供相关资料，积极配合国土资源局做好项目审核报批工作。报批资料组织完成后，经县政府常务会议研究同意，按程序逐级上报审批。

首先上报市国土资源局，由市国土资源局组织农、林、水、环保等相关专家对项目实施规划进行论证。项目规划经专家论证通过后，由市国土资源局报市政府出具审核意见。市政府出具审核意见后，由市国土资源局上报省国土资源厅对项目进行复核。项目复核通过后，由省国土资源厅报省政府进行批准立项。省政府下达批复后，由省国土资源厅报国土资源部对项目进行备案。国土资源部对项目区下达备案号。

（四）施工建设

首先由项目所在乡镇政府向县政府根据需要提出启动资金拨付，主要包括新占土地补偿、拆旧建新区拆迁户置换新住宅后剩余补偿、拆旧建新区拆迁户货币安置补偿、拆迁奖励、其他必须费用等。

对于申请新选址的，在县国土资源局的指导下，由乡镇政府组织驻村工作组和村"两委"完成建新区土地征占补偿工作。对于原址拆建的，在完成拆旧区所涉农户合同签订、过渡安置及房屋腾空工作后，及时组织拆迁单位完成地上建筑物拆除及渣土清理工作。

项目实施单位（村委会）在上级和项目管理公司的统一指导下，确定招标代理并依法招标，与勘察、设计、施工、监理、造价咨询等相关单位签订相关合同。加强施工过程管控及监理管理，保证工程安全、质量、进度目标。加强项目全过程造价管控，确保项目的投资目标。

工程完工后，按国家相关施工及验收规范对新社区建设情况进行竣工验收，验收合格后交付使用。由乡镇、村、驻村工作组按照搬迁补偿安置协议和住房分配办法组织好搬迁入住。

（五）拆旧复垦

农村建设用地增减挂钩项目立项批准后，国土资源局按规定对拆旧区土地复垦项目进行招投标，确定施工单位、监理单位。按照土地复垦方案的设计要求对项目区进行施工，并由监理公司按照土地复垦方案负责对工程进度、质量、数量进行全程监督。项目区拆旧复垦实施完成后，国土资源局组织对项目进行竣工测量，由县政府组织相关部门对复垦地块的耕地面积、等级、配套设施进行自验。

竣工后，县国土资源局按要求组卷上报市国土资源局，主要内容为：项目验收申请书、县级初验报告、项目竣工报告、项目建设情况表、项目竣工图、项目决算报告、工程监理总结报告、村民监督小组意见书、审计报告以及农、林、水、环保等相关部门的意见。

市国土资源局组织土地、农业、水利、财务等有关专家对项目区复垦地块耕地面积、耕地质量等级、工程质量和数量、资金使用情况、项目管理制度、档案资料等进行检查验收。市国土资源局验收合格后，上报省国土资源厅对项目区进行复核。省国土资源厅复核通过后，上报国土资源部进行备案。拆旧区土地复垦验收后，国土资源局将复垦后的耕地及项目区配套设施移交给乡村经营。

三、阜平县移民搬迁项目补偿政策

阜平县增减挂钩项目的实施方案主要包括安置补偿政策、拆迁补偿政策以及土地补偿政策。安置补偿包括住房安置补偿、集中养老安置设施补偿和其他补偿；拆迁补偿政策包括房屋补偿、其他附着物及附属设施补偿及其他补偿；土地补偿包括耕地补偿、未利用地补偿及山区裸岩地补偿。

（一）安置补偿政策

安置方式根据村民意愿，采用住房安置、集中养老安置和货币安置三种方式对安置对象进行妥善安置，各种安置方式补偿政策具体如下。

1. 住房安置

移民搬迁项目区范围内的村庄和拥有本村户籍、合法宅基地的村民自愿选择统规统建安置小区。对自愿搬迁至农村和镇区统规统建居住小区的安置对象，严格按人均建设面积 25 米^2 的标准进行住房安置。住宅主体建设保证结构安全和使用功能并符合国家相关规范标准，内部统一装修满足居住需要。由于正常人口增长确需增加住房的，由村委会根据村民意愿在本项目区之外单独规划建设。同时为支持村民搬迁过程中及搬迁后的生计，对搬迁农户的安家费、物业和取暖费和养老保险进行补贴。

（1）安家费补贴。按每人 0.8 万元的标准对安置对象进行补贴。

（2）物业和取暖费补贴。按照政策内安置住房面积给予每月每平方米 1.5 元的物业费用补贴，补贴期限 10 年；实行统一供暖的，按照政策内安置住房面积给予每年每平方米 20 元的取暖费用补贴，补贴期限 10 年。物业和取暖费补贴由县财政实行专户管理，逐年拨付到村，由村委会补贴至小区物业管理单位。

（3）养老保险补贴。是指对 60 周岁以上和 50～59 周岁参加新型农村社会养老保险的安置对象进行养老保险补贴。60 周岁以上安置对象，由项目实施主体一次性缴养老保险费，实现每人每月在上级发放养老金基础上达到300元。鼓励和引导50～59周岁安置对象参加社会养老保险，项目实施主体给予50％养老保险费补贴，60周岁后实现每人每月在上级发放养老金基础上达到300元。

此外，考虑到农户搬迁前的生活情况，计划为搬迁后农户合理配置菜园地和养殖区。中心城区和镇区之外的集中安置小区，在条件允许的情况下，为每户配备0.1亩左右的菜园地和统一建设养殖区，完善水、电、路等设施配套，进行合理分配。

2. 集中养老安置

考虑到搬迁农户老年群体的身体状况及搬迁后在楼房中生活能力及安全问题，项目实施主体为该类农户提供集中养老安置方式。鳏寡孤独人口和无人照顾的老人可自愿选择互助养老幸福院和易地扶贫搬迁集中养老方式进行安置。养老住宅及设施由政府支持建设，产权归政府或集体所有。采取自我管理与社会化服务相结合的方式进行管理，费用由养老对象自理。

3. 货币安置

移民搬迁项目区范围内拥有本村户籍、合法宅基地的村民，在确保已有住房保障的情况下，可自愿选择货币安置。选择货币安置的对象需提供已自行购买住房或形成购房事实的有效证件或证明，经乡村两级确认无误后，按照其房屋、地上附着物、宅基地及其他用地等评估总价对安置对象进行货币安置，与住房安置对象同等享受安家费补贴和养老保险补贴政策。

（二）拆迁补偿政策

该政策主要是对安置对象的房屋、其他附着物及附属设施和其他方面进行补偿。

1. 对于房屋的补偿

安置对象享受搬迁整合支持政策后，必须拆除原有房屋及其他地上附着物，并将项目区范围内的土地使用权交还村集体。根据评估公司对安置对象原有房屋、地上附着物、宅基地及其他用地等的依法评估，对安置对象进行合理补偿。对于安置对象财产评估总价高于安置住房建安成本价的部分进行货币补偿，对评估总价低于安置住房建安成本价的安置对象不予补偿。

安置住房建安成本按两种类型进行单位面积均价测算：①砖混结构住宅楼（6层以下含内装修）建安成本单位面积均价1 580元/米²；②框架剪力墙结构住宅楼（11层以下含内装修）建安成本单位面积均价2 070元/米²。并且对在规定时限内完成房屋腾空并交付的安置对象，给予原房屋评估价5％的拆迁奖励；对安置对象的生产、经营性房屋按每平方米15元的标准给予搬迁补助，在房屋拆迁后一次性补偿到位。

2. 对于其他附着物及附属设施的补偿

包括树木、苗圃、简易棚、门楼、围墙、厕所、上下水管道、水井、院坪、沼气池、墓地、水渠、畜禽舍等地上物，该类地上物结合本地实际给予补偿，各种管线杆等公用设施不予补偿，需有关部门自行拆除、迁建。

3. 其他补偿

主要有搬迁补助、停产停业补偿和临时安置补助。搬迁补助以被拆迁房屋建筑面积为基准，住宅房屋搬迁补助按每平方米 10 元的标准在房屋拆迁后一次性补偿到位；生产、经营性房屋按每平方米 15 元的标准在房屋拆迁后一次性补偿到位。由于拆迁造成生产、经营性房屋停产停业的，按每平方米 100 元的标准一次性给予停产停业费补偿。由于拆旧建新需临时过渡性安置的被拆迁户按每户每月 100 元标准给予临时安置补助费，直至搬迁入住。

（三）土地补偿政策

项目区范围内建新区占用土地及拆旧复垦区域的土地需进行土地补偿，主要有耕地、建设用地、未利用地及山区裸岩地。对于耕地的补偿按省政府发布的征地区片价进行补偿。同时为保证被征地安置对象保持原有生活水平，镇政府所在地行政村按征地区片价的 20%、其他行政村按征地区片价的 10%，一次性给予失地保险补贴。安置对象原住宅使用的合法集体建设用地变为项目复垦区或建新区土地的，在耕地区片价的基础上上浮 40% 进行补偿。未利用地按征地区片价的 60% 进行补偿。山区裸岩地按每亩 8 000 元进行补偿。

第三章 阜平县移民搬迁农户意愿分析

移民搬迁涉及的主体主要是农户，受其影响最大的也是农户。移民搬迁改变了农户传统的生活方式、生产方式，对农户的社会关系、经济状况等都会产生深远影响。移民搬迁农户的意愿和行为对移民搬迁工作的成败至关重要。为了更好地保护农民利益和推动移民搬迁工作的顺利进行，政府必须充分了解农户的意愿。

第一节 阜平县农户搬迁意愿

一、农户的意愿是搬迁能否成功的关键

移民搬迁涉及的主体主要是农户，农户的行为对移民搬迁的成败至关重要。农户行为是指农户在应对外界信息变化的过程中，以追求自身利益最优化为目的，作出的各种社会经济反应，体现为农户在农村社会经济活动中作出的各种选择。国外对于农户行为的研究，可以划分为三个方向：①以美国经济学家西奥多·舒尔茨为首的农户行为传统学派，该学派认为农户基于小农思想的影响，追求经济利益的最大化，行为是理性的选择；②以恰亚诺夫为主要代表的行为组织学派，该学派侧重模型分析，通过建立行为组织模型对俄罗斯农民在从事工作和娱乐休闲方面的时间分配进行分析，得出农户的生产行为是以追求家庭效用最大化为目标的，偏向于满足家庭需求而非经济效益的追求；③以黄宗智为主要代表的理性有限假说学派，该学派认为农户对于外界信息变化所作出的表现存在着理性和感性的态度，在行为选择中，人的理性是有限的，且信息越不完全越容易在行为决策中作出感性的选择。以上学者的观点在一定程度上都有其合理性，但是无论根据哪种观点，农户在作出行为决策时都会考虑到投入和产出的比较，其并不仅仅是指经济效益，还包含了风险规避、利益分配等多方面的考虑。信息的完全性和个人的理性对于农户在考虑"效用最大化"方面具有最基本的约束力，因此将农户参与移民搬迁项目的行为界定为农户对于搬迁的意愿行为。

农户是移民搬迁最密切的利益相关者。利益相关者可以是个人也可以是集体，重要的是它可能会在组织目标实现过程中受到影响，或者反作用于组织目标的实现。如何协调各利益相关者之间的关系，是项目顺利实施的关键。

二、农户搬迁意愿调查问卷设计

研究农户的移民搬迁意愿，要先分析影响农户搬迁意愿的因素，因此问卷调查以农户搬迁意愿及诉求为出发点，通过对农户基本情况的调查得出最终对农户决策行为造成影响的因素。首先，要掌握农户户主及其家庭基本情况，因为农户的收入水平及当前住房情况是影响其是否愿意搬迁的重要因素；其次，需要了解农户对于现居住地的满意度以及生活偏好，现居住地与建新区的对比会影响农户的搬迁意愿；最后，需要了解农户对于搬迁影响的预期。农户的意愿是此次调查的主体部分，为了消除被调查者的顾虑，并方便他们回答，调查问卷采用匿名开放式，较多地考虑农户的主观认识。

调查问卷的内容包括以下三个主要部分。

第一部分是农户户主及其家庭基本情况。其中，农户个体特征包括：受访者性别、年龄、文化程度、身体健康状况等；农户家庭特征包括：家庭人口数、劳动力占比、收入主要来源、人均年收入水平等；农户耕地状况包括耕地面积、距现居住地的距离等；农户宅房特征包括宅基地面积、房龄、房间数等。

第二部分是关于农户生活偏好以及对于现居住地的满意状况。其中，农户的生活偏好包括农户休闲交流方式的偏好、居住地选择的偏好等；农户对于现居住地的满意状况包括对现居住地通信信号、环境卫生、中小学教育水平、就医地点、饮用水来源等方面的满意程度。

第三部分是关于农户对于搬迁的预期和意愿。其中，农户对于搬迁的预期包括对于搬迁后生活成本的变化、对于收入的影响、对于找工作的影响等方面的判断；农户搬迁意愿包括是否愿意搬迁及其理由等。

三、数据获取

本书数据获取方式主要为：查阅相关研究文献、访谈当地村干部、入户问卷调查。为了使研究结果更为科学、准确，本书的数据获取分为以下三个步骤：①在设计调查问卷之前，通过对所搜集的相关研究文献、地区统计年鉴和政府工作报告进行整理，从而确定样本区域，再随机抽取样本农户；②确定样本区域后，通过走访阜平县自然资源和规划局相关工作人员，询问项目区内农村居民住房、土地承包、经济收入等情况，以及城乡建设用地增减挂钩的具体实施情况，在结合当地的具体实际情况和国内外相关研究文献的基础上，设计调查问卷；③进行正式的入户调查。

此次针对农户参与城乡建设用地增减挂钩的意愿进行实地访谈调研，调研对象为正在实施搬迁的项目区村庄（吴家沟、不老树、槐树底、龙门、龙王庙、南栗元铺、朱家营7个村庄），调研时间为2018年4—6月，共访谈调研了160户，获得有效问卷150份，有效率达93.75%。调研结果见表3-1。

表3-1 问卷调研结果

调研村庄	调研有效样本数/个	比例/%
吴家沟	29	19.33
不老树	22	14.67
槐树底	20	13.33
龙门	22	14.67
龙王庙	20	13.33
南栗元铺	19	12.67
朱家营	18	12.00
合计	150	100.00

四、样本描述性统计分析

（一）个体特征

1. 样本性别特征

通过对调研数据的统计，得出调研样本的性别特征，如图3-1所示。本次调研对象中，男性占比达57%，女性占比达43%，男性比女性多，但差距不大，与我国的人口性别结构相似。

2. 样本年龄特征

被调研村民的年龄主要集中在61～70岁，占比28%；年龄在20～40岁的村民较少，仅占7%；而大于70岁的村民占比19%（表3-2）。平均年龄为56岁，人口呈现老龄化结构，符合山区人口年龄结构的一般特征。山区生活条件差，资源禀赋不足，致使大量年轻劳动力外出务工，在村的主要是年龄较大的人。

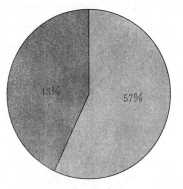

图3-1 样本性别特征

表 3-2 被调研村民的年龄特征

年龄	人数/人	比例/%
20～40 岁	10	7
41～50 岁	36	24
51～60 岁	34	23
61～70 岁	42	28
71 岁以上	28	19
合计	150	100

3. 农户受教育程度

受访农户的受教育程度普遍较低,没上过学的占 23%,小学学历占 32%,初中学历占 36%,高中以上学历仅占 8%(表 3-3)。这种现象说明,学历较高的居民大部分选择外出,而留守乡村、在原地生活的农户,学历较低。学历的高低影响农户对于政策的理解,进而会影响农户搬迁的意愿。

表 3-3 受访农户的受教育程度

学历	人数/人	比例/%
大学及以上	5	3
高中	8	5
初中	54	36
小学	48	32
无	35	23
合计	150	100

4. 农户身体状况

对受访农户身体状况的调查显示,农户身体状况良好的占 49%,身体状况一般的占 20%,身体状况较差的占 31%(图 3-2)。结合山区农户的年龄可知,农户身体状况较差主要是因为年龄较大,同时与山区的医疗条件和农户的收入水平有一定的关系。

(二)家庭特征

1. 家庭人口数

通过对受访农户的调查发现,阜平县农村家庭结构中,以 2 人、3 人和 4 人的人口组

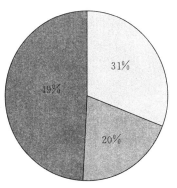

□ 差 ▨ 一般 ▤ 良好

图 3-2 受访农户的身体状况

合最多，样本中分别有 46 户、27 户、43 户（图 3-3）。此外，1 人和 5 人以上的家庭较少。家庭人口结构会对农户作出搬迁决策和期望搬迁获得的住房面积产生影响。

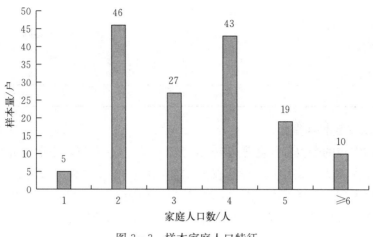

图 3-3 样本家庭人口特征

2. 家庭劳动力占比

通过对农户家庭非劳动力人数、家庭半劳动力人数以及家庭全劳动力人数的调查，综合得出农户家庭劳动力的占比（表 3-4）。劳动力的占比直接影响着家庭人均年收入水平，是衡量一个家庭发展能力的指标。劳动力占比越大，说明家庭整体的发展能力越强。阜平县大部分家庭的劳动力占比大于或等于50%且小于 60%，占总户数的 47%；有 13% 的家庭劳动力占比大于或等于60% 且小于 70%，这样的家庭自身发展能力较强。

表 3-4 家庭劳动力占比特征

家庭劳动力占比	户数/户	比例/%
<30%	12	8
30%～<40%	9	6
40%～<50%	11	7
50%～<60%	71	47
60%～<70%	19	13
70%～<80%	12	8
≥80%	16	11
合计	150	100

3. 家庭主要收入来源

家庭主要收入来源，从农户从事的职业出发可分为农业、兼业和非农业。农户从事最多的职业还是农业，占比 42%；兼业占比 35%；23% 的农户从事非农业（图 3-4）。农业收入是农村家庭收入的最基本保障。

4. 家庭人均年收入水平

通过对农户家庭年总收入和家庭人口数的统计，得出家庭人均年收入水平，如图 3-5 所示。样本量最多的家庭人均年收入水平大于或等于 5 000 元且小于 10 000

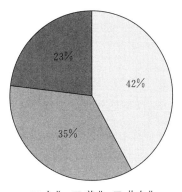

图 3-4　家庭主要收入来源

元，有 87 户；人均年收入水平大于或等于 15 000 元的家庭较少，仅 6 户。这是由农户生活的环境、从事的职业以及家庭人口数等多种因素共同导致的。

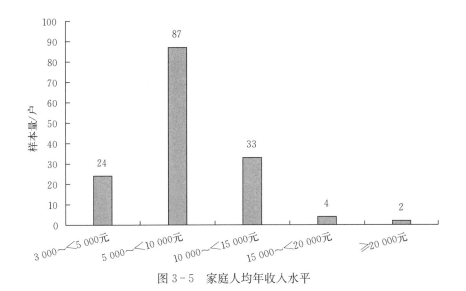

图 3-5　家庭人均年收入水平

（三）耕地状况

1. 耕地面积

对于农户家庭总耕地面积的调查结果如表 3-5 所示。大部分家庭耕地面积大于或等于 500 米² 且小于 1 500 米²，占比 65%；少数家庭耕地面积小于 500 米²，占比 8%；还有一部分家庭耕地总面积大于或等于 1 500 米²，占比 27%。家庭耕地面积的分布不均主要是由于山区地形条件的限制，生活在地形条件较好区域的农户拥有更多的耕地面积。

表 3 - 5　家庭耕地面积统计

家庭耕地面积/米²	户数/户	比例/%
<500	12	8
500~<1 000	50	33
1 000~<1 500	48	32
1 500~<2 500	18	12
≥2 500	22	15
合计	150	100

2. 耕地与居住地的距离

由于山区耕地地块分散，所以采用农户耕作地块与现居住地的平均距离进行计算，结果如表 3-6 所示。距离大于或等于 1 000 米且小于 1 500 米，占比 43%；距离大于或等于 500 米且小于 1 000 米的样本占比 31%，大于或等于 1 500 米的样本占比 16%，仅有 11% 的样本距离小于 500 米。耕作距离的大小影响着农户耕作的条件和方式，进而可能影响农户的搬迁意愿。

表 3 - 6　耕地与居住地的距离统计

耕地与居住地的距离/米	户数/户	比例/%
<500	16	11
500~<1 000	46	31
1 000~<1 500	64	43
1 500~<2 000	6	4
≥2 000	18	12
合计	150	100

（四）宅基地特征

1. 现有宅基地面积

对受访农户现有宅基地面积的统计结果如图 3-6 所示。农户宅基地面积大于或等于 100 米² 且小于 150 米²，占比 55%；有 10% 的农户宅基地面积小于 100 米²，有 13% 的农户宅基地面积大于或等于 200 米²，此外还有 22% 的农户宅基地面积大于或等于 150 米² 且小于 200 米²。可见，阜平县农村宅基地面积整体较小，这可能与山区农民生活的空间限制条件有关。

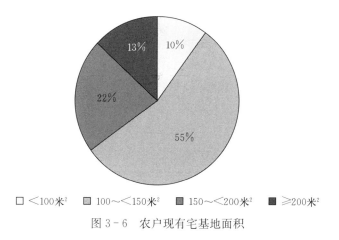

□ <100米² ▨ 100~<150米² ▩ 150~<200米² ■ ≥200米²

图 3-6 农户现有宅基地面积

2. 房龄

农户的房龄可能会影响农户的搬迁意愿，房龄越大，房屋的整体状况越差，农户可能越愿意搬迁。通过对样本的统计，农户房龄小于 10 年的居多，有 37 户；房龄大于或等于 20 年且小于 30 年的次之，有 36 户；房龄大于或等于 30 年且小于 40 年的有 27 户，还有 23 户房龄大于或等于 40 年（图 3-7）。整体而言，农户的房屋建设主要集中在近 40 年之内。

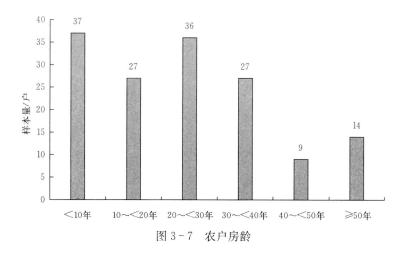

图 3-7 农户房龄

3. 房间数

农户家庭房间数是反映农户生活空间的一个因素。样本量最多的是 4 间房，占 43%；有 23% 的农户房间数是 3 间，有 19% 的农户房间数是 5 间，2 间房和多于 6 间房的农户较少（表 3-7）。统计结果呈现了阜平县农户家庭生活空间的特征。

表 3-7　农户家庭房间数

房间数	户数/户	占比/%
2 间	12	8
3 间	34	23
4 间	65	43
5 间	28	19
≥6 间	11	7
合计	150	100

（五）生活方式选择偏好

1. 休闲方式

对于农户日常休闲交流方式的调查统计结果如图 3-8 所示。有 29% 的农户更愿意在家看电视，有 39% 的农户偏向于到街上找人聊天，有 32% 的农户偏向于串门。增减挂钩的搬迁会对农户的生活空间产生影响，农户日常休闲交流方式偏好可能会影响农户搬迁的意愿。

2. 居住地偏好

对于居住地偏好的调查结果如图 3-9 所示。有 76% 的农户更愿意生活在现在的生活环境，有 15% 的农户更愿意生活在中心村，有 9% 的农户更愿意生活在城镇。农户的居住地偏好反映出农民安土重迁的传统思想。

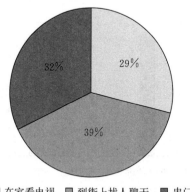

□ 在家看电视　■ 到街上找人聊天　■ 串门

图 3-8　农户日常休闲交流的偏好

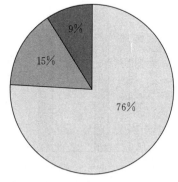

□ 原址　■ 中心村　■ 城镇

图 3-9　农户的居住地偏好

（六）现居住地环境条件

1. 通信信号和环境卫生

对于现居住地的通信信号调查发现，有 80 户农户认为通信信号较好，有 57 户农户认为通信信号一般，有 13 户农户认为通信信号较差，这可能是由于

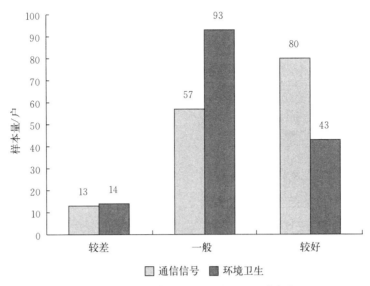

图 3-10　对通信信号和环境卫生的满意度

手机自身特性不同而引起的农户认识偏差；对现居住地环境卫生的满意状况调查发现，有 93 户农户认为一般，14 户农户认为环境卫生较差，43 户农户觉得现在周围的环境较好（图 3-10）。

2. 中小学教学质量

村民对于现居住地中小学的教学质量的满意度如表 3-8 所示。有 61% 的农户表示一般，17% 的农户表示比较满意，13% 的农户表示不太满意，仅 9% 的农户表示非常满意。这可能是由于农户所在区域不同，其对应的学校也不同。总体来看，农户对于现居住地的教学质量不太满意。

表 3-8　对教学质量的满意度

对教学质量的满意度	户数/户	比例/%
不太满意	20	13
一般	91	61
比较满意	25	17
非常满意	14	9
合计	150	100

3. 就医地点

农户就医地点的选择情况如图 3-11 所示。有 60 户农户选择县城就医，44 户农户选择乡镇就医，16 户农户选择邻村就医，30 户农户选择本村就医。

选择本村就医样本数量较少，说明农户对于现居住地的医疗条件不满意。

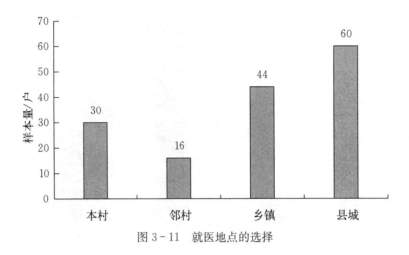

图 3-11　就医地点的选择

4. 饮用水来源

样本中，农户饮用水的来源不同。46%的农户采用自来水，35%的农户采用井水，19%的农户采用泉水（图 3-12）。农户饮用水的来源反映了现居住地的饮水供应状况，整体而言，阜平县农村使用自来水的村庄较多。

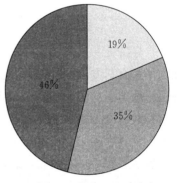

泉水　■ 井水　■ 自来水

图 3-12　饮用水来源

（七）对搬迁影响的预期

1. 搬迁后生活支出预期

农户认为搬迁后生活支出会上升，但对于上涨程度的认识不同。如表 3-9 所示，有 32%的农户认为会上涨至少 25%不足 50%，有 31%的农户认为会上涨至少 50%不足 75%，有 30%的农户认为会上涨至少 75%不足 100%，仅有 7%的农户认为上涨程度会小于 25%，对于搬迁后生活支出的上涨程序预期会影响农户搬迁的意愿。

表 3-9　对搬迁后生活支出上涨程度预期

搬迁后生活支出上涨程度预期	户数/户	比例/%
<25%	11	7
25%～<50%	48	32
50%～<75%	46	31
75%～<100%	45	30
合计	150	100

2. 搬迁后收入预期

农户对于搬迁对收入影响的预期如图 3-13 所示。有 94 户农户认为搬迁会使自己的收入下降，有 44 户的农户认为搬迁对于收入没有影响，仅 12 户的农户认为搬迁后收入会上涨。

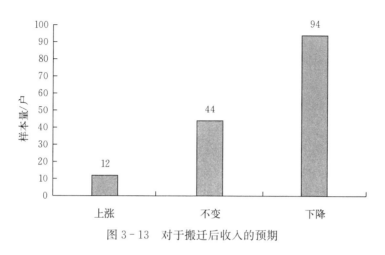

图 3-13 对于搬迁后收入的预期

3. 搬迁后工作预期

农户对于搬迁对找工作影响的预期如图 3-14 所示。有 81 户农户认为搬迁会对自己找工作不利，有 58 户农户认为搬迁对于找工作无影响，仅 11 户农户认为搬迁会有利于自己或者家人找工作。

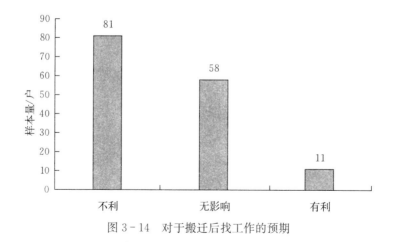

图 3-14 对于搬迁后找工作的预期

（八）农户参与搬迁的意愿

1. 搬迁意愿

样本农户中，有 29% 的农户愿意搬迁，有 71% 的农户不愿意搬迁，不愿意搬迁的特征明显（图 3-15）。

2. 愿意搬迁的理由

对于愿意搬迁的农户，有 30% 认为搬迁后建新区的教育水平高，有 70% 的农户认为新区生活环境更好（图 3-16）。可见愿意搬迁的农户主要偏爱新区基础设施服务的优化。

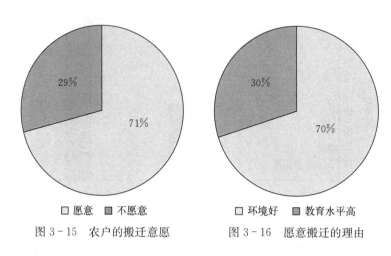

图 3-15 农户的搬迁意愿   图 3-16 愿意搬迁的理由

3. 不愿意搬迁的理由

不愿意搬迁农户的理由如图 3-17 所示。有 38% 的农户认为搬迁后生活成本会提高，有 23% 的农户认为搬迁后会造成行动不便，有 22% 的农户对于搬迁补偿不满意，不愿意改变现在生活环境的农户比例达 17%。农户不愿意搬迁的理由都是在计划行为的基础上提出的，在搬迁的过程中，阜平县政府应该充分考虑农户的诉求，做好解决农户困难的预案措施，才能更好地推进增减挂钩项目的实施。

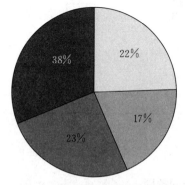

图 3-17 不愿意搬迁农户的理由

第二节 影响农户参与移民搬迁项目意愿的因素

通过对调查结果的描述性统计分析，选取可能影响农户搬迁意愿的因素，构建二元 Logistics 回归模型，对选取的影响因素进行分析。

一、研究假设

为了深入分析农户参与增减挂钩移民搬迁项目的意愿及影响因素，本书以是否愿意搬迁为因变量，对被调研农户的个体特征、家庭特征、耕地特征、宅基地特征、生活方式偏好、现居住地环境条件以及对于搬迁影响的认识 7 个方面的自变量进行回归分析，通过二元 Logistics 模型检验，探讨这些自变量与因变量的关系。找出对农户搬迁意愿影响显著的因素，再根据分析结果提出具有针对性的建议。

本书在实地调查研究中，结合调查数据，对影响农户搬迁意愿的因素进行初步的估计，作为研究的模型假设。

（1）农户个体特征包括性别、年龄、学历和身体特征，这些特征对农户参与搬迁的意愿有一定的影响。其中，男性可能愿意搬迁，女性不愿意搬迁；年龄越大越安土重迁，越不愿意搬迁；学历越高对于搬迁政策的了解越深入，越愿意搬迁；身体状况越好，可以避免上下楼的困难，越愿意搬迁。

（2）农户是否愿意搬迁并不仅仅由个人决定，农户的家庭特征对于农户搬迁的意愿也会产生影响。家庭人口数决定了搬迁安置住房的面积，住房空间的变化影响农户的生活方式，进而影响农户的搬迁意愿；家庭劳动力占比是家庭经济结构的重要内容，与人均年收入水平相关，影响着农户的搬迁意愿；家庭收入的来源反映了农户对于耕地的依赖性，依赖性越小的农户越愿意搬迁。

（3）耕地面积和耕地与居住地的距离反映了农户的生产方式，耕地面积越小、耕地与居住地距离越远的农户对于土地的依赖性越小，越愿意搬迁。

（4）宅基地特征对于农户搬迁意愿的影响在于宅基地面积、房龄和房屋数量。宅基地面积的大小、房龄以及房屋数量反映了农户的生活方式，宅基地面积越大、房龄越小、房屋数量越多的农户越不愿意搬迁。

（5）生活方式偏好能够更好地反映农户搬迁的意愿，搬迁会影响农户日常休闲方式，偏好串门的比在家看电视的农户更不愿意搬迁，偏好居住在城镇的比居住在原村的农户更愿意搬迁。

（6）农户对于现居住地环境条件的认可程度反映了农户对于生活现状的态度，移民搬迁项目区中新区的建设是有一定标准的，水电、环境卫生等基础设施条件相对完善，因此认为现居住地环境条件较差的农户一般更愿意搬迁。

（7）农户对于搬迁后对自身生产和生活的影响预期决定着农户的搬迁意愿，农户对搬迁之后生活支出、家庭收入以及找工作的难易程度的预期，间接地影响农户的搬迁意愿。

二、模型构建与变量说明

（一）模型构建

诉求意愿的相关研究多采用二元 Logistics 回归模型。模型主要适用于因变量是两项变量的情况。农户的搬迁意愿分为愿意和不愿意两个层面，二者之间也不存在相应的线性关系，因此采用该研究模型较为合理。研究中因变量设为 Y，Y_1 表示愿意搬迁，取值为 1；Y_2 表示不愿意搬迁，取值为 0。选取的自变量有 23 个，分别设定为 X_1，X_2，…，X_{23}。

回归模型方程为

$$P（Y=1）=\frac{EXP（\beta_0+\beta_1X_1+\beta_2X_2+\cdots+\beta_nX_m）}{1+EXP（\beta_0+\beta_1X_1+\beta_2X_2+\cdots+\beta_nX_m）} \quad (3-1)$$

其中，$P（Y=1）$ 是指农户愿意参加增减挂钩搬迁的概率估计值，$P（Y=0）$是指农户不愿意参加增减挂钩搬迁的概率估计值。β_0 是表示截距的常数项，β_i是自变量 X_i（$i=1$，2，3，…，m）相应的偏回归系数值。

（二）变量说明

农户的选择只有愿意和不愿意搬迁两种情况，因此因变量的选取以农户是否愿意参加搬迁为标准。自变量的选取采用可能对农户意愿产生影响的因素，主要有农户个体特征、家庭特征、耕地状况、宅基地特征、生活方式的偏好、对现居住地的满意度以及对搬迁影响的预期共 7 个方面 23 个具体指标。在构建模型之后，为了方便研究，对自变量的特征进行赋值如表 3-10所示。

表 3-10　变量赋值说明

变量类型	变量	变量名称	变量赋值
被解释变量	Y	是否愿意搬迁	是=1；否=0
个体特征	X_1	性别	男=1；女=0
	X_2	年龄	实测数据
	X_3	学历	无=1；小学=2；初中=3；高中=4；大学及以上=5
	X_4	身体状况	极差=1；差=2；一般=3；良好=4
家庭特征	X_5	家庭人口数	实测数据
	X_6	劳动力占比	实测数据
	X_7	家庭收入来源	农业=1；兼业=2；非农业=3
	X_8	人均年收入水平	实测数据

（续）

变量类型	变量	变量名称	变量赋值
耕地特征	X_9	耕地面积	实测数据
	X_{10}	耕地与居住地距离	实测数据
宅基地特征	X_{11}	宅基地面积	实测数据
	X_{12}	房龄	实测数据
	X_{13}	房间数	实测数据
生活方式偏好	X_{14}	休闲方式	在家看电视＝1；到街上找人聊天＝2；串门＝3
	X_{15}	居住地偏好	原地＝1；中心村＝2；城镇＝3
现居住地环境条件	X_{16}	通信信号	差＝1；一般＝2；好＝3
	X_{17}	环境卫生	差＝1；一般＝2；好＝3
	X_{18}	中小学教学质量	不太满意＝1；一般＝2；比较满意＝3；非常满意＝4
	X_{19}	就医地点	本村＝1；邻村＝2；乡镇＝3；县城＝4
	X_{20}	饮用水来源	泉水＝1；井水＝2；自来水＝3
对搬迁影响的预期	X_{21}	搬迁后生活支出上涨程度	实测数据
	X_{22}	搬迁后对家庭收入的影响	下降＝1；不变＝2；上涨＝2
	X_{23}	搬迁对家人找工作的影响	不利＝1；无影响＝2；有利＝3

三、模型检验与结果分析

（一）模型检验

由于选取的自变量较多，在模型分析应用中，类似于年龄等具有连续性变化特征的变量会对一般的 Pearson 和 Deviance 检验产生影响，使得结果并不能满足实际的需求，因此选择 Hosme-Lemeshow 方法对研究变量进行检验更合适。如表 3-11 所示，检验得出卡方值为 9.307，P 值＝0.713＞0.5，且自由度 $df=8$，说明模型拟合度良好。

表 3-11　Hosmer-Lemeshow 检验

卡方值	自由度 df	P 值
9.307	8	0.713

（二）结果分析

将量化后的自变量和因变量输入 SPSS 中，通过二元 Logistics 回归模型得出影响农户搬迁意愿的因素，分析结果如表 3-12 所示。

表 3-12 参数估计结果

变量	B	$S.E$	$Wals$	df	$Sig.$	$EXP(B)$	EXP(B) 的95%$C.I.$	
							下限	上限
X_1	-0.776	0.662	1.375	1	0.241	0.460	0.126	1.684
X_2	-1.042	0.034	1.500	1	0.021	0.959	0.897	1.025
X_3	0.512	0.462	1.233	1	0.067	0.599	0.242	1.480
X_4	-0.630	0.423	2.221	1	0.136	0.533	0.233	1.220
X_5	-0.094	0.313	0.09	1	0.765	0.911	0.493	1.681
X_6	1.403	0.019	0.171	1	0.029	10.008	0.971	1.045
X_7	0.001	0.506	3.204	1	0.073	2.475	0.917	6.679
X_8	0.008	0.792	0.719	1	0.066	1.000	1.000	1.000
X_9	-0.906	0.001	3.836	1	0.050	0.999	0.998	1.000
X_{10}	0.000	0.000	0.029	1	0.865	1.000	0.999	1.001
X_{11}	-0.011	0.009	1.559	1	0.212	0.989	0.972	1.006
X_{12}	1.020	0.022	3.834	1	0.050	9.958	0.919	1.000
X_{13}	0.623	0.366	2.898	1	0.189	1.864	0.910	3.818
X_{14}	0.362	0.419	0.746	1	0.388	1.436	0.632	3.264
X_{15}	1.507	0.685	4.217	1	0.040	4.083	1.066	15.636
X_{16}	0.048	0.731	8.184	1	0.142	0.428	1.932	33.948
X_{17}	-2.092	0.577	2.158	1	0.004	8.099	0.138	1.328
X_{18}	-0.299	0.472	0.401	1	0.526	0.742	0.294	1.869
X_{19}	0.011	0.304	0.001	1	0.197	1.011	0.557	1.835
X_{20}	-0.514	0.511	2.535	1	0.111	0.443	0.163	1.207
X_{21}	-0.835	0.014	6.074	1	0.014	0.965	0.938	0.993
X_{22}	-0.330	0.631	0.274	1	0.601	0.719	0.208	2.477
X_{23}	3.265	0.913	12.779	1	0.010	26.168	4.370	156.713
常量	-1.340	5.306	0.064	1	0.801	0.262		

　　从模型回归结果来看，X_2（年龄）、X_3（学历）、X_6（劳动力占比）、X_7（家庭收入来源）、X_8（人均年收入水平）、X_9（耕地面积）、X_{12}（房龄）、X_{15}（居住地偏好）、X_{17}（现居住地环境卫生）、X_{21}（搬迁后生活支出上涨程度）、X_{23}（搬迁后对家人找工作的影响）11个变量对农户搬迁有显著影响，其中显著性（$Sig.$）较高的是年龄（0.021）、劳动力占比（0.029）、耕地面积（0.05）、房龄（0.05）、居住地偏好（0.04）、现居住地环境卫生（0.004）、搬迁

后生活支出上涨程度（0.014）、搬迁后对家人找工作的影响（0.01）。影响系数 B 的绝对值从大到小为搬迁后对家人找工作的影响（3.265）＞现居住地环境卫生（－2.092）＞居住地偏好（1.507）＞劳动力占比（1.403）＞年龄（－1.042）＞房龄（1.02）＞耕地面积（－0.906）＞搬迁后生活支出上涨程度（－0.835）。

（1）农户对于搬迁影响的预期中，搬迁后对家人找工作的影响，显著性为 0.01，通过了 5% 的显著性检验，且系数为正，有正向影响。说明在农户视角，搬迁后对找工作越有利，越愿意搬迁。基于农户计划行为理论，农户的这种选择是为了搬迁后的生活保障考虑。

（2）农户对于现居住地环境卫生的满意度，显著性为 0.004，通过了 5% 的显著性检验，且系数为负，有负向影响。说明农户对现居住地条件的满意程度越大，越不愿意搬迁，这是因为农户对于现阶段生活条件满意，使得农户不愿意再更换生活条件。

（3）农户对于居住地选择的偏好，显著性为 0.04，通过了 5% 的显著性检验，且系数为正，有正向影响。说明偏好城镇生活的农户，愿意搬迁，因为搬迁之后的生活条件与城镇接近，且参与搬迁的农户可以选择货币补偿方案，获得补偿后搬迁至城镇生活。

（4）家庭劳动力占比，显著性为 0.029，通过了 5% 的显著性检验，且系数为正，有正向影响。说明农户家庭劳动力占比越大，农户越愿意搬迁。这是因为家庭劳动力占比的大小会影响农户的收入来源和收入水平，劳动力占比越大，农户家庭收入越有保障，农户才可以应对搬迁带来的风险，因此更愿意搬迁。且劳动力占比的 EXP（B）＝10.008，说明当农户家庭劳动力占比发生一单位变化时，农户参与搬迁的意愿概率将发生 10.008 个单位的变化。

（5）受访者的年龄，显著性为 0.021，通过了 5% 的显著性检验，且系数为负，有负向影响。说明农户的年龄越大，越不愿意搬迁，这是由于较大年龄农户对于现居住地的依赖以及搬迁后生活成本的提高会对其生活带来风险。同时搬迁之后上下楼对于年龄较大者而言不方便，因此这类农户更不愿意搬迁。

（6）房龄，显著性为 0.05，通过了 5% 的显著性检验，且系数为正，有正向影响。说明农户现居住的房屋建设年代越长越愿意搬迁，这是因为搬迁会改变农户的住房条件，还会得到一定的经济补偿，因此农户更愿意搬迁。房龄的 EXP（B）＝9.958，说明房龄每增加一个单位，农户参与搬迁的意愿概率将发生 9.958 个单位的变化。

（7）耕地面积，显著性为 0.05，通过了 5% 的显著性检验，且系数为负，有负向影响。说明农户所拥有的耕地越多，越不愿意搬迁，这是由于拥有耕地较多的农户对耕地的依赖性较大，搬迁之后对于农户农业生产会产生一定的影响，因此拥有耕地数量成为推进增减挂钩工作的一项消极因素。

（8）搬迁后生活支出上涨程度，显著性为 0.014，通过了 5% 的显著性检验，系数为负，有负向影响。说明从农户的角度来看，搬迁后可能造成生活支出的增加越大越不愿意搬迁，这是因为农户考虑到搬迁之后生活方式的改变将会影响其生活支出，需要的成本越大，搬迁之后带来的效益越低，因此，农户搬迁之后生活支出的变化幅度成为项目开展中需要考虑的一项重要因素。

第四章　移民搬迁对农户生计的影响

阜平县移民搬迁是一个庞大而复杂的工程，在该过程中不仅要考虑搬迁农户和安置区居民的当前利益，也要顾及其长远的发展。农户是移民搬迁过程中的直接利益相关者，其生计问题不可忽视。农户维持生计的方式很大程度上取决于其生活的自然、社会环境。搬迁使农户离开原居住地，原居住地的条件及环境被改变，农民几十年习惯的生产生活方式、人际关系等都随之改变。农户的土地经营情况、收支情况等也会发生变化，而农户的家庭特征不同、所处的家庭生命周期不同，其影响也会不同。

第一节　移民搬迁对农户生计的整体影响

通过对农户生计现状的了解，可以分析出移民搬迁对农户各方面生计状况的影响。

一、搬迁村农户生计现状

为了解移民搬迁对农户生计的可能影响，笔者对阜平县涉及移民搬迁的全部 13 个乡镇采用分层随机抽样方式，选取了整村移民搬迁的 65 个行政村，运用问卷调查和个别访谈相结合的方式进行了调查。在调查中，对所选村的村集体负责人进行访谈，最终得到 65 份村级有效问卷，有效率达 100%。同时对搬迁农户进行随机走访，共访问农户 424 个，去除填写不完整和数据录入错误的问卷 34 份，最终得到有效问卷 390 份，农户问卷有效率达到 92%。所调查的 390 户有效家庭样本中，人口总数为 1 457 人。其中，男性有 743 人，占比51%；女性有 714 人，占比 49%。搬迁农户男性占比较女性高 2%，总体上男女比例较为均衡。

基于阜平县搬迁农户实际情况及可能影响农户生计的因素，对搬迁农户的家庭特征及生活情况、农地及其经营情况、现住房情况及居住意愿、农户就业及收支情况 4 个方面进行分析。

（一）农户家庭特征及生活情况

农户家庭特征可以体现家庭的内生动力，而生活情况可以反映农户的生活状态，所以对农户家庭特征和生活情况进行分析很有必要。

1. 农户家庭特征

农户的家庭特征主要包括农户年龄、家庭人口数、学历、身体状况、从事职业、在家时间等。样本基本情况见表 4-1。

表 4-1 样本基本情况

项目	状况	户数/户	比重/%
年龄	45 岁及以下	70	17.9
	46～60 岁	181	46.4
	61 岁及以上	139	35.7
家庭人口数	1～2 人	140	35.9
	3～4 人	125	32.1
	5 人及以上	125	32.1
学历	小学及以下	195	50.0
	初中	83	21.3
	高中及以上	14	3.6
	空白	98	25.1
身体状况	健康	334	85.6
	残疾或慢性病	56	14.4
从事职业	务农为主	181	46.4
	务工为主	209	53.6
在家时间	10 个月以上	181	46.4
	6～10 个月	70	17.9
	6 个月以下	139	35.7

调查对象平均年龄为 55 岁，最低的 32 岁，最高的 72 岁；家庭人口数基本是 1～6 人，并且 1～2 人、3～4 人、5～6 人三个区间的户数相近。被调查者受教育程度在初中及以下的占 71.3%。大部分农户以务农或就近务工为主。

2. 农户生活情况

（1）农户生活环境满意度方面。农户原村庄生活环境主要涉及通信信号、饮用水、卫生条件、看病方便程度、教学质量、到镇县方便程度等方面。农户对各方面的满意情况不尽相同，如表 4-2 所示。

表 4-2　农户生活环境满意度

项目	满意	一般	不满意	满意率/%
通信信号	390	0	0	100.0
饮用水	376	14	0	96.4
卫生条件	195	167	28	50.0
看病方便程度	139	195	56	35.6
教学质量	293	84	13	75.1
到乡镇或县城方便程度	265	111	14	67.9

从表 4-2 可知，从总体上说农户对搬迁之前的生活环境现状较为满意：所有的农户对本地的通信条件满意，96.4%的农户认为用水比较方便，50%农户认为自己村庄的卫生条件较好，64.4%的农户认为本地区的医疗条件有待改善，75.1%的农户认为本地区教学质量好，67.9%的农户认为到乡镇或县城比较方便。农户对通信、饮用水方面的情况很满意，对就医和卫生条件不满意，对其他方面则评价一般。

（2）农户生活情况方面。农户生活情况包括农户的日常主食和蔬菜购买情况、去商店的次数、空闲时间安排、村与镇风俗差异等方面。村民的具体生活情况，如表 4-3 所示。

表 4-3　农户生活情况

项目	状况	户数/户	比重/%
蔬菜	自种为主（夏）	376	96.4
	买为主（夏）	14	3.6
	自种为主（冬）	376	96.4
	买为主（冬）	14	3.6
主食	自制为主	307	78.7
	买为主	83	21.3
去商店	经常	42	10.8
	隔三岔五	111	28.5
	很少去	237	60.8
空闲时间安排	在家	195	50.0
	串门或上街	167	42.8
	其他	28	7.2
村与镇风俗差别	大	42	10.8
	小或没差别	320	82.1
	不清楚	28	7.2

表 4-3 数据显示，总体上看阜平县的这几个村庄具有典型小农特点，农户日常食用蔬菜主要以自己种植为主，受季节影响不明显，自己种植蔬菜占到总蔬菜需求的 96.4%；农户选择自己制作主食的占 78.7%；农户去商店的频率较低，60.8% 的农户选择"很少去"；平时闲暇时农户选择在家待着的比例为 50%，选择"串门或上街"的占 42.8%。各项目拆旧区和建新区多为自然村向中心村集中建设小区的形式，82.1% 的农户认为本行政村之内或本村与本乡镇之间的风俗习惯差异较小，表示能够接受两地风俗习惯的差异。综上所述，农户在日常食物消费方面，基本以自给为主；在社会关系层面，农户的朋友圈较小，活动范围相对固定。

（二）农户农地及其经营情况

农户经营的农地主要是承包的耕地和林地，与承包地的距离、灌溉情况、经营方式、种植情况等都会影响搬迁后的农地经营状况。林地的树种、经营方式、受灾情况也会影响到农户的经营。

1. 农户承包地情况

农户承包地情况主要涉及承包地与农户居住地和公路的距离、能否进入机器、能否灌溉、经营方式及种植稳产情况等（表 4-4）。

表 4-4　农户承包地情况

项目	状况	户数/户	比例/%
与居住地距离	近	231	59.2
	远	159	40.8
与公路的距离	近	246	63.1
	远	144	36.9
能否进入机器	能	94	24.1
	不能	296	75.9
能否灌溉	能	325	83.3
	不能	65	16.7
耕地经营方式	流转	115	29.5
	自营	275	70.5
自己种植稳产情况	稳	226	57.9
	不稳	164	42.1
流转经营稳产情况	稳	97	24.9
	不稳	49	12.6
	不知道	244	62.6

表 4-4 数据显示，59.2％的农户认为自己家的承包地距离居住地较近，40.8％的农户认为较远；63.1％的农户认为承包地距离公路较近；对于"能否进入机器"问题，75.9％的农户认为自家承包地不能进入机器；83.3％的农户表示自家承包地能够灌溉；另外，29.5％的农户进行了土地流转（租金约800元/亩），种植苹果或葡萄，70.5％的农户自营承包地并以种植玉米为主（亩产 350～400 千克）；42.1％的农户表示粮食产量不稳定，受大风、干旱、冰雹等自然灾害影响，12.6％的农户认为土地流转后土地经营效果不稳定。

2. 农户林地情况

农户林地情况主要包括林地与居住地和公路距离、经营树种、是否受灾、经营方式等（表 4-5）。

表 4-5　农户林地情况

项目	状况	户数/户	比例/%
与居住地和公路距离	远	181	81.2
	近	42	18.8
经营树种	栗或核桃	153	68.6
	槐	28	12.6
	天然林	42	18.8
是否受灾	否	181	81.2
	受灾	42	18.8
经营方式	自营	223	100

样本中有林地的农户为 223 户，其中，81.2％的农户认为自家的承包林地距离居住地和公路较远；农户的承包林地都是自己经营，包括栗或核桃、槐、天然林，比例分别为 68.6％、12.6％和 18.8％；81.2％的农户表示承包山林没有遭受过自然灾害。

（三）农户现住房及意愿住房情况

农户现住房和意愿住房情况主要涉及宅基地处数、现房屋结构、现住房面积、是否有翻新打算、结婚买房要求、意愿居住地、村庄是否会消失、村民在外买房比例、意愿新居形式、意愿居住面积、支付意愿、是否接受贷款、预期生活成本等，具体调查情况如表 4-6 所示。

表 4-6　农户原住房和意愿住房情况

项目	状况	户数/户	比例/%
宅基地处数	1	292	74.9
	2	98	25.1

（续）

项目	状况	户数/户	比例/%
现房屋结构	土坯	70	17.9
	砖木	209	53.6
	砖瓦和土坯	83	21.3
	砖混	28	7.2
现住房面积	40～60 米²	13	3.3
	60～80 米²	28	7.2
	80～100 米²	42	10.8
	100～130 米²	70	17.9
	130 米² 及以上	237	60.8
是否有翻新打算	是	28	7.2
	否	334	85.6
	修缮	28	7.2
结婚买房要求	需要买	42	11.2
	不需要买	14	3.7
	有条件就买	320	85.1
意愿居住地	原居住地	335	85.9
	中心村	14	3.6
	乡镇	14	3.6
	县城	27	6.9
村庄是否会消失	不会	292	74.9
	会	98	25.1
在外买房比例	10%	320	82.1
	20%	70	17.9
意愿新居形式	高层楼房	0	0.0
	多层楼房	0	0.0
	平房	390	100
意愿居住面积	60～80 米²	27	6.9
	80～100 米²	70	17.9
	100～130 米²	98	25.1
	130 米² 及以上	195	50.0
支付意愿	不愿意另支付	390	100.0
是否接受贷款	否	376	96.4
	是	14	3.6

（续）

项目	状况	户数/户	比例/%
预期生活成本	上涨 30%～50%	14	3.6
	上涨 51%～100%	42	10.8
	上涨 1 倍及以上	334	85.6

由表 4-6 中可以看出，25.1%的农户有两处宅基地，大部分为一新一旧的形式，其余的农户有一处宅基地；农户的房屋结构以砖木为主，占总体数量的 53.6%；60.8%的农户现住房面积超过 130 米²，其中部分农户住房面积达到 200 米²，10.5%的农户住房面积低于 80 米²；对于房屋"是否有翻新打算"，85.6%的农户没有翻新计划，另外有 7.2%的农户认为在必要的时候会选择对原有房屋进行修缮；11.2%的农户认为女方出嫁会要求男方在县或镇里买房，85.1%的农户认为结婚时，如果有经济条件的话会要求在县或镇买房，否则就在自家宅基地上建新房；农户对居住位置的偏好不同，85.9%的农户更愿意居住在原居住地，愿意到中心村或城镇的比例较小，低于 8%；25.1%的农户认为自己村庄的人口会慢慢消失，这些村庄具有人口少、老年人比例大的特点；各村农户在外买房的比例基本上在 10%左右，个别村接近 20%；在意愿新居形式上，所有的农户都倾向于居住在平房；如果必须要求搬迁至楼房，农户也不愿意对新居支付任何费用（房屋折算款除外）；3.6%的农户能够接受无息贷款，其他农户坚持不会贷款买房；农户普遍认为搬迁新居会导致生活成本上涨，85.6%的农户认为会上涨 1 倍以上；在农户对新居住房面积的诉求中，由于搬迁户已签订住房安置合同，具体面积已经确定，导致农户的在回答问题时多半是将合同的协议面积数作为"意愿居住面积"，因此表中的数据仅能参考。调查发现，农户并不愿意改变自己的居住地点，明确反对为搬迁新居额外支付资金，而且对未来生活成本上涨有所顾虑。

(四) 农户就业及收支情况

就业是农户的主要收入来源，农户的就业情况直接决定了农户的收支状况。农户对工作的满意程度、工资情况会影响到农户的搬迁后的生计情况。农户的收入主要分为农业收入和非农收入两部分，支出则主要包括生活、生产、教育、医疗等支出。

1. 农户就业情况

农户就业与搬迁后就业预期情况涉及的问题包括：目前家人工作满意度、搬迁后主要工作、搬迁对工作影响、就业途径、搬迁后收入变化等。在这些方面，农户间的差异较大（表 4-7）。

表4-7　农户对搬迁后就业预期情况

项目	状况	户数/户	比例/%
目前家人工作满意度	满意	98	25.1
	一般	167	42.8
	不满意	125	32.1
搬迁后主要工作	务农	153	39.2
	务农兼务工	125	32.1
	务工	42	10.8
	其他	70	17.9
搬迁对工作影响	有利	0	0
	不利	98	25.1
	没什么影响	292	74.9
就业途径	政府安排	251	64.4
	自己解决	28	7.2
	亲朋介绍	28	7.2
	其他	83	21.3
搬迁后收入变化	上涨	28	7.2
	不变	251	64.4
	下降	111	28.5

　　总体来说，农户对目前家人的工作满意度较低，只有25.1%的农户表示满意；对搬迁后家庭可能从事的主要工作，39.2%的农户认为会是务农，32.1%的农户认为是务农兼务工，预期以务工为主的农户只占到10.8%；农户对于搬迁对家庭成员找工作的影响并不看好，74.9%的农户认为没有影响，25.1%的农户认为对找工作有负面作用；7.2%的农户表示搬迁后收入会上涨，认为收入不变的占64.4%，另外有28.5%的农户认为收入可能下降；在就业途径上，64.4%的农户希望政府能够提供就业机会或就业渠道。综上所述，农户对搬迁后工作和收入情况的预期并不乐观，认为搬迁能够带来的有利影响较小，相反认为负面影响可能更显著。

2. 农户收支情况

　　农户收支情况主要从农业收入、非农收入、支出构成三方面考察。所调查农户的收入来源以工资性收入为主，支出则以日常生活支出为主（表4-8）。

表 4-8 农户收支情况统计

项目	具体内容	比例/%
农业收入	种植业	2.1
	养殖业	0
	林业	4.6
	其他农业收入	0
非农收入	工资性收入	89.5
	财产性收入	0.7
	补贴收入	2.0
	其他收入	1.1
支出	生活支出	61.6
	生产支出	1.1
	教育支出	28.5
	医疗支出	2.5
	其他支出	6.4

农户收入组成以非农收入为主,农业收入只占到总收入的 6.7%,其中林业和种植业收入占比分别为 4.6%、2.1%;非农收入中工资性收入占总收入的 89.5%,其他非农收入占比都在 3% 以下;农户支出以生活支出为主,占总支出的 61.6%,其次是教育支出,占 28.5%,医疗、生产和其他支出比例分别为 2.5%、1.1% 和 6.4%。由此可见农户的收入主要来源是工资性收入,农业收入只占很小一部分。农户的支出则主要集中在生活支出和教育支出。

将农户的人均收入划分为三个档次,分别是收入较低的小于 3 300 元、收入水平中等的大于或等于 3 300 元且小于 9 000 元以及收入较高的大于或等于 9 000 元,农户人均收入的详细情况如表 4-9 所示。

表 4-9 农户人均收入情况

人均收入	户数/户	比例/%
<3 300 元	139	35.6
3 300～<9 000 元	112	28.7
≥9 000 元	139	35.6
合计	390	100.0

农户家庭人均收入小于 3 300 元的占 35.6%,大于或等于 3 300 元且小于

9 000 元的占 28.7%，大于或等于 9 000 元的占 35.6%。

二、项目实施对农户生活的影响

（一）对农户生活的影响分析

1. 农户不同意搬迁原因

农户不同意搬迁的原因主要涉及生活方式、个人因素、社会关系、生产问题、搬迁距离等方面（表 4-10）。

表 4-10　不同意搬迁原因

原因	频数/次	具体内容
生活方式	167	生活成本上升、（冬天）自己种的菜没地方放置、不能烧柴火、用电用气不安全、农村小院更适合养老
个人因素	125	老人、小孩在楼房不安全，上下楼不便
社会关系	98	串门不方便、有人不注意公共卫生、家里没人时不安全、婆媳共处一室不方便、子女回家没地方住、邻里关系难处
生产问题	84	距离耕地远、农机具无处存放、无处养猪和种菜
搬迁距离近	28	新房拆了可惜，生产生活大环境没变化
其他	70	孩子已买新房、评估价格与购新居价格差得多、村委会强制

生活方式方面，农户担心的因素包括：生活成本上升、（冬天）自己种的菜没地方放置、不能烧柴火（也就不能捡柴火卖）、用电用气不安全、农村小院更适合养老；农户不愿搬迁的个人因素包括：老人、小孩居住楼房不安全，上下楼不便；农户不愿搬迁的社会关系因素包括：串门不方便、有人不注意公共卫生、家里没人时不安全、婆媳共处一室不方便、子女回家没地方住、邻里关系难处（如乱占楼道或产生噪声）；农户担心的生产问题包括：距离耕地远、农机具无处存放、无处养猪和种菜等；搬迁距离方面，由于搬迁距离很近，农户认为新房拆了可惜，生产生活大环境也没变化；农户不愿搬迁的其他因素包括：孩子已买新房、评估价格与购新居价格差得多、村委会强制搬迁。

2. 农户对搬迁安置的诉求

农户对搬迁安置的诉求主要涉及意愿搬迁地点、安置方式、搬迁方式、新居住地居民组成、希望政府扶持项目、复垦后土地利用方式、承包地承包山利用方式等方面（表 4-11）。

表 4-11　农户对搬迁安置诉求情况

项目	状况	户数/户	比例/%
意愿搬迁地点	本村中心点	22	39.3
	邻村中心村	16	28.6
	县城	12	21.4
	乡镇	6	10.7
安置方式	集中安置	38	67.9
	自愿安置	18	32.1
搬迁方式	一次性搬迁	52	92.9
	逐步搬迁	4	7.1
新居住地居民组成	都是本村人	50	89.3
	一部分是本村人	4	7.1
	无所谓	2	3.6
希望政府扶持	就业	26	39.4
	教育	8	12.1
	医疗	4	6.1
	养老	18	27.3
	其他	10	15.2
复垦后土地利用方式	无所谓	36	64.3
	统一经营或承包给村民	16	28.6
	保留房屋	4	7.1
承包地承包山利用方式	流转	38	67.9
	自己种	18	32.1

表 4-11 数据显示，67.9%的农户认为如果必须搬迁，更愿意搬迁到较近的居住点（本村中心点和邻村中心村），愿意搬迁到县城的农户比例为 21.4%，比愿意搬迁到乡镇的农户多 10.7 个百分点；67.9%的农户更愿意接受政府统一就近安排搬迁地点，实行集中安置，32.1%的农户愿意自己选择搬迁地点，自己购房，政府只给补贴；在搬迁方式上，92.9%的农户选择一次性完成搬迁；89.3%的农户希望新居居民都是本村人；对于搬迁后农户"希望政府给予哪些方面的扶持"，39.4%的农户希望在就业方面给予帮助，其次是养老方面，占比为 27.3%；对于拆旧区土地复垦之后的利用方式，64.3%的农户认为无所谓，和自己没有关系，28.6%的农户认为应该承包给村民或者统一经营给农户股权；67.9%的农户搬迁后愿意将自己的承包地、承包山进行流转，32.1%的农户希望自己耕作。总体来说，农户更愿意就近安置，不希望改

变自己的社交圈，而且农户搬迁最关心的是家庭成员的收入问题及承包耕地和林地的经营方式问题。

项目区村庄通信、用水用电、教学质量及交通条件都较好，虽然在卫生和就医方便程度方面有所不足，但总体来说农户对目前的生活环境比较满意。因此，即使建新区能够提供更加完善的基础设施，也不足以使农户心甘情愿地放弃原来的生活方式，放弃农家小院"上楼"。在平房为主的村落，农户生存能力是惊人的，他们能够充分利用自家闲散地，进行种植和养殖，单靠一小片菜地便能基本满足一家人的需求，夏天温度高、雨水多，农户可以种植并食用时令的蔬菜；冬天温度低，不易种植蔬菜，农户便将以前种植的马铃薯、白菜和萝卜等，腌制或储存起来，以备冬天食用。另外每户都有专门储存蔬菜的地窖，因此，农户一年之中花费在蔬菜上的钱很少。有些农户能够将多余的蔬菜赠送给亲朋好友，借此拉近与亲朋好友的关系，维系乡村社会关系。很多农户饲养猪、鸡等，目的不是增加收入而是减少消费支出，家庭小规模养殖提高了农户生活水平，农户常说，"喂鸡可以吃鸡蛋，如果花钱买鸡蛋就不舍得了""一年养一头猪，到年底杀了，够几家吃，另外自己家养的猪安全放心，也舍得多吃"。搬迁到楼房后，农户种植蔬菜和养殖畜禽的条件变差。虽然政策规定：中心城区和镇区之外的集中安置小区，在条件允许的情况下，为每户配备0.1亩左右的菜园地和统一建设养殖区，搞好水、电、路等设施配套，进行合理分配。但在实际操作中，由于项目区实施规划或当地的自然条件限制，农户的需求并不能得到满足。例如：L村规划指出"搬迁到楼房村新社区没有菜园地的村民，人均配备3厘①的菜园地，长期使用，享有承包经营权，与社区建设一并规划，一并征用，统一分配，有关部门搞好水、电等配套设施"。并没有指出配备统一的养殖区，另外农户反映"建楼都是平整的山坡，哪儿给农户种菜的地方，虽然村干部承诺我们会配备菜园地，就怕是随口说说"。农户非常担心这种成本低又健康的生活方式不能维持下去。

当农户搬迁至楼房后，由于菜园地、养殖地配备限制以及没有地窖保存蔬菜，农户只能依靠买来解决日常饮食问题，这不仅导致农户生活成本增加，也将导致本来就闲散的农户更加无所事事。生活成本的提高可能会引起部分农户"深度挖掘建新区土地潜力"，私自占用公共用地来种植蔬菜或养殖畜禽，干起"老本行"；闲散的农户会日渐失去活力，也不利于身体健康。根据中心地理论，建新区在行政村可视为高级中心地，各自然村商品和服务水平较低，可视为低级中心地，建新区势必会提供更加丰富的商品供给和更高的服务水平，能够满足农户更多的物质、服务需求。但阜平县这几个乡村的实际情况是，村民

---

① 厘为非法定计量单位，1厘≈6.7米²。——编者注

以自给自足为主要生产生活方式，原居住地所提供的商品和服务基本能够满足农户自身需要，农户并没有更高的需求。因此，在农户的消费水平不变的情况下，人为地将农户聚集起来会造成资源的浪费。

（二）对农户居住的影响分析

在样本农户中，有两处宅基地的农户占 25.1%。有两处宅基地的农户一般将一处供自己居住，另一处用于摆放杂物或者供在外子女回家时居住，当农户搬迁至楼房后，按照规定"对自愿搬迁至农村和镇区统规统建居住小区的安置对象，按人口和人均建设面积 25 米^2 的标准进行住房安置""以统一规划、统一建设住宅小区安置为主，按'一户一宅'的原则进行住房分配""依法对一户多宅的宅基地进行清理，对影响环境的危旧破败建筑进行拆除"。因此，若农户为两位老人而子女又众多，在优惠价范围内只能申请不超过 50 米^2 的房屋，这样子女回家便无处居住。另外项目建新区户型建筑面积为 65 米^2、90 米^2、106 米^2 三种，超过的部分不能享受优惠价。家庭人口数较多的农户，他们要共同使用厨房、卫生间等公共区域，由于生活习惯的差异，一起生活多有不便。另外按规定，要对一户多宅进行清理。假设农户不参与搬迁，其多余的宅基地也将进行评估、折现、清理。当农户购买楼房时，也不能用多余宅基地折抵而享受优惠价格，使得搬迁中农户被清理的宅基地"贬值"，在某种程度上损害了农户的利益。部分原住房面积较大，且琐碎生产生活用品较多的农户，搬迁之后很多东西无处安置，另外，在新居住地较大的农机具缺乏合理的放置场所，势必会乱占公共区域。

迁入新居住地不能满足农户对城镇化的需要。搬迁涉及自然村农户由十几户到五十几户不等。已在外购房的农户约占 10%。个别村庄的农户认为本自然村甚至中心村在未来可能消失，搬迁到中心村是浪费。对于打算结婚的农户，如果条件允许则会选择到城镇买房，而不愿搬迁到中心村。可见，在生活条件不断改善的前提下，农户有向城市或经济发达地区流动的趋势。在现有条件下，农户更愿意居住在原村庄和平房结构的房屋，认为搬到中心村的安置楼房是一种浪费。在调查中有超过一半的农户有家庭成员长期居住在城镇，有 1/3 的农户表示愿意搬迁至城镇或实行自愿安置的方式，但受限于规划选址和经济条件只能就近安置，这样农户将花费大量资金在农村新居上，导致原本在城镇买房的计划推迟或放弃，反而降低了农户进城的步伐。另外，大部分农户表示由于自身身体条件，住楼房不方便，不愿离开自己的"老窝"。总体来说，农户对原住宅从生活方式和感情方面都难以割舍，传统观念以及经济条件等决定了目前的生活方式更适合农户。

三、项目实施对农户土地经营的影响

从当前情况看，约 60% 的农户承包耕地距离居住地和公路较远，林地更是如此（超过80%的农户的林地距离很远），并且超过76%的承包地不能使用机器作业。由于处于山区地带，耕地土壤条件差，农户选择以种植玉米为主，"望天收"，容易管理。搬迁之后农户的种粮距离和难度增加，农户花在种粮和管理林木上的成本上升，可能出现耕地撂荒、经济林木效益降低等现象，农户生计的最主要保障——农业经营有可能消失。因此搬迁距离较远的农户希望承包耕地和林地能够实现流转。但据村民介绍，"村干部说将土地进行流转，但是我们那些地地块小、不平整，要是能流转早就流转了"，农户对搬迁后土地能否流转持怀疑态度。另外，从目前情况看，即使土地能够流转出去，农户的收益也难以保证。当前部分农户的土地已经流转出去，用来种植葡萄。但据农户反映，"种植葡萄的土地租金只给了一半（已租4年给了两年的租金），葡萄树出现大片死亡，几乎绝收，承租公司要终止合同，我们又得来回跑着种地了"。约1/3的农户希望搬迁后自己耕种土地，这样一方面可以留出一部分地种蔬菜或玉米满足食用需求，另一方面可以当作锻炼身体的方式，用农户的话说"越清闲身体越差"。

有林地的农户，除了部分地区为了保护生态不允许改变用途和砍伐外，其他林地都会种植经济林或薪炭林。种植经济林可获得可观的经济收入，种植薪炭林可用来满足日常的生活需要，还能将多余的部分出售，获得资金收入。由于地形地质以及生态保护等原因，这些地区的山地资源开发成本高、难度大，搬迁后林地将依然由农户自己经营，这就导致农户管理林地更难，使搬迁农户面临农业收入降低和生活成本提高的双重考验。

四、项目实施对农户收支的影响

样本农户中以务农为主要收入来源的超过1/3，他们认为搬迁并不能改善就业形势，许多农户认为新的居住环境不利于就业。年龄在50～60岁身体健康的农户缺乏技术，只能从事简单的体力劳动，他们到城镇打工无公司愿意接纳。因此，该部分农户以在附近村庄建造房屋为工作。搬迁后农户宅基地收回，农户没有建新房的需求，这部分人群就会失业，另外新居住地人口聚集，年轻人数量增加，就业竞争更加激烈，使年纪较大的农民产生危机感。农户希望政府能够在搬迁后提供就业岗位或就业途径，让失地农户有活儿可干。

增减挂钩项目实施是贫困户脱贫致富的要求，不论是县级规划还是项目区实施方案中，都对农户搬迁给予了较多的补贴。但是搬迁后农户的消费会增加，这是农户将要面临的最现实的问题。如果没有切实有效的增收途径，就不能保证农户在新居住得安稳，也不可避免会出现社会矛盾以及扰乱公共秩序等现象。

五、项目实施对农户的其他影响

（一）项目实施对特殊人群的影响分析

现长期居住在农村的人口以老年人为主，如何解决老年人的"上楼"问题对移民搬迁至关重要。例如，L村制定的选房方案中明确指出，根据所需户型和个人意愿主要采取抓阄的方式进行住房分配。即按规定时间，分别根据户型先抓取顺序号，再按照顺序号抓取住房号，住房号包括楼座、单元和房间号，具体分为两个步骤：第一步，老弱病残等因特殊原因需要照顾（村民代表会议确定名单）且自愿住一楼的户，按所需户型优先抓取；第二步，剩余住房由所剩住户分别按 65 米^2、90 米^2、106 米^2 三种户型进行统一抓阄分配。该方案虽然顾及老弱病残等特殊需求，但是由于老年人所占比例较大，且根据每人不超过 25 米^2 的标准，这部分人群所选户型集中在数量有限的 65 米^2 上，老年人的住房要求不能得到满足。有经济能力的可以选择购买大面积的低层住房，否则只能被迫住二层以上。另外还有农户担心未来孩子结婚的婚房问题。按规定，由于正常人口增长确需增加住房的，由村委会根据村民意愿在本项目区之外单独规划建设。但新增人口较少的村委会一般不会单独建设住宅楼。

此外，虽然搬迁新居优惠政策很多，但农户对政策不熟悉。对于评估价格低于购房价的农户，部分村村委会口头承诺高出部分不用再付，但并没有签订协议，还有些村村委会表示只会补贴一定比例。例如 L村，为了确保村民住得起房，对每户进行购房补贴，资产评估价格低于应享受购房价款 80% 的，村委会补贴到应购房价款的 80%，剩余的 20% 价款自己缴纳，假如农户没有能力缴纳，经村民代表大会通过，本人可暂时入住，房产所有权保留在楼房村委会所有，经公证处公证 3 年内缴清所欠房款后，房产所有权归本人所有，自动转移。未缴清所欠房款的，房产不得买卖及抵押贷款等。这可能成为农户搬迁后的负债隐患，如果最后缴不清欠款，农户可能会永久性失去房屋。

（二）项目实施对农户社会关系的影响分析

增减挂钩项目实施，将农户由原来的独家独院变成了单元楼。单元楼隔音和卫生等问题容易引起邻里矛盾。当家庭活动产生噪声时，难免会引起邻居们的反感。农户习惯了在农村小院居住，习惯将暂时没用的东西随意摆放，对楼道、小区公共场所卫生方面不太注重。搬入楼房之后农户对公共区域的卫生可能会采取视而不管的态度，最终导致严重后果。另外，搬入楼房后做饭不能烧柴火，取而代之的是用电或用煤气，由于农户之前没有适应这种生活方式，学习起来也比较吃力，很多农户谈到这些问题就会产生恐慌，甚至有农民说"村里的老人有因用电不规范而去世的"。

农户在原居住环境中能够满足生理和安全需求，对祖祖辈辈生活的旧村归属感很强。另外，在旧村农户的社交圈、经济、文化水平差距小，彼此之间有共同语言，很少存在相互歧视或攀比现象，能够得到邻里之间的相互尊重，当农户搬迁至新居之后，部分农户预期生活成本增加，就业环境变差，与其他农户之间经济差异拉大，这会让部分农民产生自卑、无助等心理，影响农户生产生活的积极性。

第二节　移民搬迁对不同农户生计的影响分析

农户家庭所处的生命周期阶段不同导致其生计状况不同。为了准确分析搬迁农户的生计情况，精确找到解决农户生计问题的方法，本书依据家庭生命周期理论并结合调研农户家庭特点，将搬迁农户分为五类，分别为新生家庭（子女刚成婚无子女，且与父母已分家）、初始家庭（夫妻已有子女，且子女均处于上学时期）、稳定家庭（夫妻已有子女，且至少有一名子女已工作）、扩大家庭（夫妻已有第三代，且共同生活）、萎缩家庭（与子女分开居住的老人）（表4-12）。

表4-12　待搬迁农户家庭生命周期阶段的划分

阶段	具体情况	家庭类型
第一阶段	子女刚成婚无子女，且与父母已分家	新生家庭
第二阶段	夫妻已有子女，且子女均处于上学时期	初始家庭
第三阶段	夫妻已有子女，且至少有一名子女已工作	稳定家庭
第四阶段	夫妻已有第三代，且共同生活	扩大家庭
第五阶段	与子女分开居住的老人	萎缩家庭

按以上方法对样本进行分类，得到新生家庭样本4份，家庭总人口8人；初始家庭样本83份，家庭总人口313人；稳定家庭样本110份，家庭总人口408人；扩大家庭样本108份（其中包含仅有老人和第三代的7份），家庭总人口576人；萎缩家庭样本85份，家庭总人口152人。由于新生家庭样本量较少不具有普遍代表性，所以不再对其进行研究分析。

一、搬迁村农民就业情况

就业是农户最基本的谋生方式，就业行业不同，其生计状况自然不同。阜平县移民农户主要从事农业生产活动，也有部分农户从事非农行业。不同工作所需的体力、智力、受教育程度、健康状况等不同，因此家庭生命周期影响了农户从事的行业，即影响了农户的就业结构。搬迁农户家庭人口就业状况受家庭人口年龄结构及家庭人口劳动力数量的影响，劳动适龄人口占比较大或者劳动力数量较多的家庭，其谋生方式更多，就业选择更广泛，自然其生计状况较好。

（一）家庭人口年龄结构及其对就业的影响

年龄是影响就业的重要条件。未成年的儿童没有工作能力，青壮年是最佳就业时期，随后年龄越大劳动能力越低，年龄过大便不再适合就业。从家庭人口年龄结构可以看出家庭的劳动力状况。基于阜平县搬迁农户劳动适龄情况，将农民分为 0～＜20 岁、20～＜40 岁、40～＜60 岁以及 60 岁以上四个年龄段。从总体来看，这四个年龄段的人口数量相差不大，均占 25％左右，但处于不同生命周期的家庭人口年龄结构差别很大（图 4-1）。

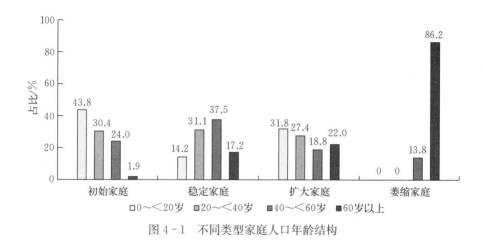

图 4-1　不同类型家庭人口年龄结构

初始家庭的人口年龄集中在 0～60 岁，其中，0～＜20 岁人口最多，占 43.8％；20～＜40 岁及 40～＜60 岁分别占 30.4％和 24.0％，说明初始家庭人口中上学的较多，无劳动能力人口也较多，而劳动力较年轻，适合从事体力劳动强度较高的工作。稳定家庭人口年龄主要集中在 20～＜60 岁，其中，40～＜60 岁人口最多，占比 37.5％；占比最少的是 0～＜20 岁人口，占 14.2％，该类家庭人口年龄处于最适合就业阶段，劳动力年龄跨度大，所从事行业涉及范围也较广。扩大家庭各年龄段的人口相对较为平均，比重最大的是 0～＜20 岁人口，为 31.8％；比重最小的是 40～＜60 岁人口，为 18.8％，该类家庭学龄前儿童较多，劳动力年龄两极分化，主要集中 30 岁左右和 60 岁以上，30 岁左右的壮劳力工作效率高，适合从事体力或智力要求高的工作。萎缩家庭绝大多数是 60 岁以上的人口，比重达到 86.2％；其余是 40～＜60 岁人口，占比为 13.8％，表明该类家庭劳动力质量相对较低，适合从事体能消耗较少的工作。

（二）家庭人口劳动力数量及其对就业的影响

劳动力是指有劳动能力的人口，劳动力数量是影响农户就业情况的关键。我国农民大部分都从事着农业劳动（包括兼营农业劳动），很多超过城市职工退休年龄的人口依然进行农业生产活动，尽这部分人劳动能力较差。本书将从事农业生产和管理或非农行业的人口数量都作为劳动力数量，而不论其年龄大小。在样本农户所涉及的 1 449 人中，劳动力数量 909 人，占比 62.7%；非劳动力数量 540 人，占比 37.3%。在劳动人口中，没有从事其他工作纯务农人口有 404 人，从事非农行业的人口（包括纯非农人口和兼业非农人口），共505 人（表 4－13）。

表 4－13　各类家庭劳动力数量情况

项目	初始家庭	稳定家庭	扩大家庭	萎缩家庭
劳动力数量/人	174	306	323	106
占该家庭总人口比例/%	56	75	56	70
无劳动能力数量/人	139	102	253	46
占该家庭总人口比例/%	44	25	44	30
纯务农人口数量/人	59	122	141	82
占该家庭劳动力数量比例/%	34	40	44	77
从事非农行业人口数量/人	115	184	182	24
占该家庭劳动力数量比例/%	66	60	56	23

从表 4-13 中可以看出，稳定家庭的劳动力数量占家庭总人口的比重最大，为 75%，这类家庭是经济发展的主力家庭。同时，由于稳定家庭中年轻人口数量较多，所以从事非农行业的人口数量也较多，占家庭劳动力数量的60%。这一部分人中有的已经搬出农村，在城市里居住或者已经在城市里购买房屋。初始家庭与扩大家庭相似，其劳动力数量占家庭总人口的比重均为56%，从事非农行业人口占家庭劳动力的比重也都在 50 以上。萎缩家庭的劳动力数量占比高达 70%，但其劳动力质量较差，劳动效率不高，所以其纯务农人口有 77% 之多，萎缩家庭的这种劳动力结构和就业结构决定了其移民搬迁后就业会受到极大影响。

（三）农业领域的就业情况

在样本劳动力中，从事农业生产和管理活动的人多达 614 人，占总劳动力数量的 67.5%。在从事农业的人员中有 65.8% 是纯务农人口，他们只从事农业生产活动，说明农业依然是搬迁农户的主要就业方式；34.2% 的人口是兼营农业人口，他们除从事农业活动外还从事非农业活动。从事农业不能满足这些农民的需求，他们正逐渐与农业脱离，从事农业生产的时间逐渐较少。

如图 4-2 所示，初始家庭和扩大家庭中务农 30 天及以上的人口占比相对其他家庭较少，其务工人员较多，家庭成员在村外居住生活的也相对较多，这两类家庭的就业选择更宽泛，再就业机会较大。萎缩家庭中从事农业生产和管理的人口占比最大，为 63.8%，且其从事农业生产和管理时间较长，每年从事农业活动在 30 天以上的，占比达 34.2%。萎缩家庭的成员年纪较大，长久居住于农村、就业于耕作，其思维方式、生活方式及从事职业均不易改变，这将影响到他们搬迁以后的就业乃至生计。

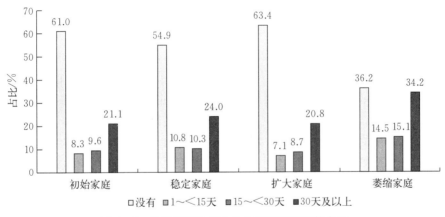

图 4-2　各类家庭从事农业生产和管理天数占比

（四）非农行业的就业情况

所调研的搬迁农户中，从事非农行业的有 505 人，占总人口数量的 34.9%。搬迁人口从事非农行业的方式有雇主（指雇佣劳动力经营，下同）、自营、务工、公职及其他方式。其中：务工人员数量最多，达 373 人，占从事非农行业人口的 73.9%；公职人员有 45 人，占比 8.9%；自营有 32 人，占比 6.3%；雇主较少，仅有 5 人，占比 1%；其他从业方式的有 50 人，占比 9.9%（表 4-14）。

表 4-14　各类家庭非农行业从业方式及人数

项目	初始家庭	稳定家庭	扩大家庭	萎缩家庭
从事非农行业人数/人	115	184	182	24
从事非农行业人数占家庭人口比例/%	36.7	45.1	31.6	15.8

（续）

项目	初始家庭	稳定家庭	扩大家庭	萎缩家庭
雇主/人	0	4	1	0
雇主占从事非农行业人口比例/%	0.0	2.2	0.5	0.0
自营人员/人	5	15	11	1
自营人员占从事非农行业人口比例/%	4.3	8.2	6.0	4.2
务工人员/人	72	139	151	11
务工人员占从事非农行业人口比例/%	62.6	75.5	83.0	45.8
公职人员/人	14	15	12	4
公职人员占从事非农行业人口比例/%	12.2	8.2	6.6	16.7
其他从业方式人员/人	24	11	7	8
其他从业方式人员占从事非农行业人口比例/%	20.9	6.0	3.8	33.3

在从事非农行业的 505 人中，初始家庭的人员占比 22.8%，稳定家庭的人员占比 36.4%，扩大家庭的人员占比 36%，萎缩家庭的人员占比 4.8%。可以看出稳定家庭和扩大家庭是从事非农行业的主力军。从家庭内部看，稳定家庭中从事非农行业人数占家庭总人口数的比重最大，为 45.1%，该类家庭中有将近一半的人口都从事着非农行业。搬迁人口从事非农行业的主要方式是务工，尤其是扩大家庭，其务工人员占从事非农人口的 83%，稳定家庭的这一数字也达到了 75.5%，初始家庭为 62.6%，萎缩家庭较低，但也达到了 45.8%。雇主主要集中在稳定家庭中，稳定家庭中雇主人数占到了家庭从事非农行业人口的 2.2%。自营人口也主要出自稳定家庭，可见稳定家庭的成员能力较强，创业欲望强烈。搬迁后，稳定家庭将在非农行业得到更好的发展。初始家庭中公职人员占比较其他类型家庭高，其家庭成员可能更适应第三产业或事业单位的就业要求。

二、搬迁农户的收支情况

收支状况可以直接反映出搬迁农户的生活质量，也能间接体现出其生计状况。从收入情况看，不同家庭生命周期下的农户收入差距较大。但各类家庭的农业收入普遍较低，非农产业在农户生计中扮演了重要的角色。从支出情况看，不同类型家庭的支出差距相对较小，但主要支出项目差别较大。从纯收入看，不同类型家庭差距较大，说明农户生活质量参差不齐，生计状况差异较大。

（一）收入情况

待搬迁农户的收入来源可分为农业收入和非农收入。阜平县搬迁农户的年人均农业收入为 1 353 元，年人均非农收入为 5 283 元。可以看出，搬迁农户的非农收入远高于农业收入，且人均纯收入水平较低，说明其总体上生活质量偏低（图 4 - 3）。

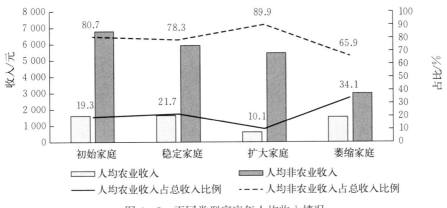

图 4 - 3　不同类型家庭年人均收入情况

扩大家庭的收入更是主要靠非农产业，该类家庭人均非农收入占总收入的 89.9%，其人均农业收入仅占 10.1%。非农收入与农业收入相差较少的是萎缩家庭，其人均农业收入占总收入的 34.1%，是四类家庭中人均农业收入占比最高的。说明萎缩家庭经济来源少，需要依靠农业维持生计。初始家庭和稳定家庭的人均非农收入占比均在 80% 左右，也远高于其人均农业收入。

人均农业收入最高的是稳定家庭，为 1 639 元，与之相近的是初始家庭，为 1 620 元。说明稳定家庭及初始家庭的农业劳动力质量较好。而扩大家庭的人均农业收入较低，仅有 613 元，因此扩大家庭的人口对农业的贡献较小，他们不再热心于农业，而变为非农行业的主力军。非农业的人均收入情况则从初始家庭到萎缩家庭依次减少，从 6 784 元减少到 2 980 元。由于非农收入在各类家庭中所占的比重都较大，所以人均总收入也是从初始家庭到萎缩家庭依次递减。

（二）支出情况

搬迁户家庭的年人均支出为 3 853 元，其中包括水电费支出、食品采购支出、生产费用支出、教育支出、医疗支出及其他支出。水电费年人均支出 344.8 元，占比 8.9%；食品采购年人均支出 767.3 元，占比 19.9%；生产费用年人均支出 361.2 元，占比 9.4%；教育年人均支出 930.1 元，占比 24.1%；医疗年人均支出 1 001.4 元，占比 26.0%；其他年人均支出 448.3 元，11.6%。总体上看，搬迁家庭的主要支出在医疗和教育方面，而水电费和生产费用支出占家庭总支出比例较小。但处于不同生命周期的家庭支出结构大不相同。各类家庭的年人均支出情况如表 4 - 15 所示。

表 4 - 15　搬迁户各类家庭年人均支出情况

项目	初始家庭	稳定家庭	扩大家庭	萎缩家庭
总支出/元	4 979	4 118	2 817	3 498
水电费支出占比/%	6.9	10.5	7.4	11.2
食品采购支出占比/%	16.3	20.2	21.7	23.3
生产费用支出占比/%	11.9	9.9	10.7	4.0
教育支出占比/%	42.5	20.3	21.3	4.9
医疗支出占比/%	12.2	29.0	24.5	43.3
其他支出占比/%	10.2	10.1	14.5	13.3

　　初始家庭年人均总支出最多，为 4 979 元。由于该类家庭的子女均在上学，所以其教育支出占比最大，为 42.5%，这也可以反映出初始家庭对教育非常重视。而初始家庭的其他各项支出占比均低于 17%，其中最少的是水电费，仅占 6.9%。萎缩家庭的年人均总支出为 3 498 元，其中占比最大的支出是医疗支出，说明萎缩家庭成员身体状况较差。萎缩家庭的食品采购支出也相对较多，说明其恩格尔系数较大，生活质量较差。扩大家庭的年人均总支出为 2 817 元，是各类家庭中人均支出最少的，而稳定家庭的年人均总支出为 4 118 元，虽然与扩大家庭相差较大，但这两类家庭的各项支出占比情况类似——占比最多的是医疗支出，其次是教育和食品采购支出，说明这两类家庭的生产生活方式较为相似。

三、搬迁农户生活情况

　　农户生计基本状况表现在日常生活的方方面面。住房是农户生活的基本载体，其不仅仅是居住的场所，房屋面积、房屋建筑年限、房屋结构、配房功能以及与家人是否合住等情况可以体现出农户的生活质量、生活方式、生活理念、生活追求等。搬迁农户的日常生活情况及其可能的变化更能揭示出搬迁对农户生计的影响。

（一）居住情况

1. 房屋面积

　　搬迁农户的户均房屋面积为 119.35 米^2，主房面积为 98.9 米^2，配房面积为 20.45 米^2；人均房屋面积为 36.2 米^2，主房面积为 30.3 米^2，配房面积为 6 米^2。不同类型家庭房屋面积情况如表 4 - 16 所示。扩大家庭的户均面积最大，为 133.2 米^2，但其人均房屋面积仅为 25.0 米^2，是四类家庭中人均面积最小的，且其人均配房面积也最小，仅为 4.7 米²。萎缩家庭的人均房屋面积最大，这主要是其子女成婚后搬出导致的。初始家庭的人均配房面积最大，人均达 7.1 米²，说明其更追求生活的舒适度，生活方式更加城市化。

表 4-16 各类家庭房屋面积

项目		初始家庭	稳定家庭	扩大家庭	萎缩家庭
房屋面积/米²	户均	126.7	122.1	133.2	95.4
	人均	33.6	32.9	25.0	53.3
主房面积/米²	户均	99.8	102.3	110.4	83.1
	人均	26.5	27.6	20.7	46.4
配房面积/米²	户均	26.9	19.8	22.8	12.3
	人均	7.1	5.3	4.7	6.9

2. 房屋建筑年限

在走访中发现，搬迁村的新建房屋较少，大多数都是老房子。根据房屋质量随建筑年限变化的情况，可将搬迁农户房屋分为 5 年以内建筑、5～<15 年建筑、15 年及以上建筑。各类房屋建筑年限占比情况如图 4-4 所示。各类家庭的房屋中，建筑年限为 15 年及以上的最多，占家庭房屋总数量的比重都达到了 50% 以上，其中占比最高的是萎缩家庭，占该类家庭房屋总数量的74.1%，说明搬迁户房屋的整体状况较差，其中萎缩家庭的房屋是最差的。同样，各类家庭中，数量占比最少的都是建筑年限为 5 年以内的。但初始家庭中建筑年限在 5 年以内的房屋数量占比最大，为 19.3%，说明初始家庭的整体住房条件相对较好。

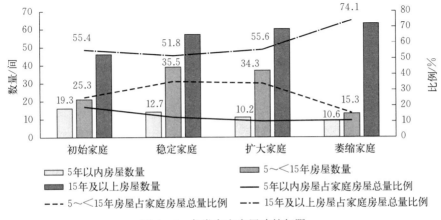

图 4-4 各类家庭房屋建筑年限

3. 房屋结构

搬迁户的房屋结构主要有钢筋混凝土结构、砖混结构、砖（石）木结构、竹草土坯结构及其他结构。从图4-5中可以看出，各类家庭房屋都以砖混结构和砖（石）木结构为主。但相对而言初始家庭的房屋质量较高，其房屋为砖混结构的占比较高，达51.9%，比砖（石）木结构的房屋占比高出将近两倍。而稳定家庭中，钢筋混凝土结构的房屋占比较其他家庭略高些，为10.7%。萎缩家庭的房屋质量是几类家庭中最差的，砖（石）木结构占比最高，竹草土坯结构的房屋占比也是几类家庭中最高的。

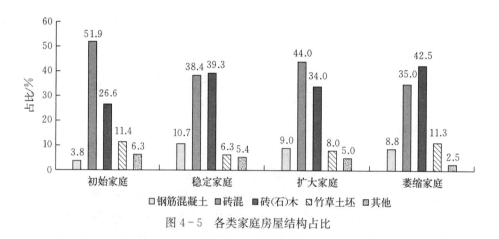

图4-5　各类家庭房屋结构占比

4. 配房功能

在390户样本家庭中，274户有功能性配房，占总户数的71%，可见配房在农户生活中起到很大的辅助作用。配房的主要功能是临时性居住、厨房及储物，各类家庭配房的各项功能占比如图4-6所示。初始家庭配房用于厨房的

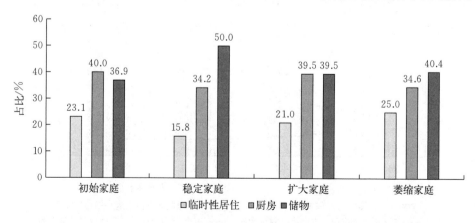

图4-6　各类家庭配房功能占比

比例最高，稳定家庭及萎缩家庭配房用于储物的占比最高，扩大家庭将配房作为厨房和储物的占比相等。各类家庭中，配房用于住宿功能的占比均最少，其中稳定家庭的配房用于住宿的仅占15.8%，说明农户的居住面积能够满足需要。

5. 与家人共同居住情况

初始家庭中夫妻与子女共同生活，若夫妻双方外出务工，其年龄较小的子女大部分与夫妻一方的父母生活。稳定家庭中夫妻两人共同生活的时间较多，与子女共同生活时间较短，因为该家庭中已经工作的子女一般在工作地长期居住，只是逢年过节回家居住；如果有正在上学的子女，其在学校生活的时间较长，寒暑假时才回家生活。扩大家庭中夫妻与子女和第三代共同生活，部分家庭的子女外出务工，夫妻与第三代共同生活。萎缩家庭中夫妻二人长期共同生活，如只有夫妻一方则一人独居。

（二）日常生活情况

1. 生活市场化程度

在走访过程中了解到，农户的生活日用品大部分需要到商店购买，而食品来源则有两种途径，一种是自产，另一种是购买。自产的一般是蔬菜类，购买的是肉蛋奶类产品和米面类主食。初始家庭的生活市场化程度较高，日用品和食品大部分都在商店购买。稳定家庭和扩大家庭的生活市场化程度也相对较高，日用品需购买，但蔬菜、肉蛋奶类产品部分自产、部分购买。扩大家庭购买的东西更多，生活市场化程度更高一些。由于萎缩家庭的人口绝大部分在农村生活，没有外出活动，所以其闲暇时间较多，有更多的精力种白菜、豆角、土豆等蔬菜，同时还可以养殖蛋鸡、奶羊等，而且其家庭人口较少，所以自产食品较充足，另外该类家庭的日用品类型较少，所以萎缩家庭的生活市场化程度较低。

2. 购买物品的方便程度

搬迁农户的生活商品化程度会受到商店数量、质量等的影响。搬迁村的商店情况如表4-17所示，在搬迁的66个村中，共计有178个商店，平均每村有2.7个。其中有9个村没有商店，有5个村的商店数量超过5个（这5个村均是乡镇政府驻地）。一般村中的商店面积较小，商店物资种类也比较少，村民及时买到所需物品有一定困难。商店面积超过50米^{2}的有54个，分布在25个村庄（仅占全部村庄数量的38%）。总体上看，商店的数量不足，村民购物不方便。没有商店的村庄，村民要到较远的村庄或者乡镇政府所在地购买，购买频次少、一次性购买量多，所购食品的质量可能会因此而下降。

表 4-17　搬迁村商店情况

项目	总数量/个	平均每村数量/个	占总数量比例/%
商店	178	2.7	
没有商店的村	9		14
商店超过 5 个的村	5		8
50 米² 以上商店	54	0.8	
有 50 米² 以上商店的村	25		38

3. 农户的日常娱乐情况

调研访谈过程中发现，在大多数村庄里，人们会扎堆在路边聊天、打牌或只是晒太阳，可以看出农户间的关系很融洽。在与农户的交谈中得知，村民的娱乐方式多种多样，个别村有集体组织的锣鼓队、秧歌队等，在农闲时节村民会聚集在村里的空地上、广场上敲锣打鼓、扭秧歌、跳广场舞。部分村庄有寺庙，会在每年固定时间举办庙会，大部分村民都会参加。这些活动让村民之间更加熟络。村民的邻里关系也较为和睦，有些邻里还会在做饭时交换饭菜，小孩子也会偶尔在邻居家吃饭。遇到红白事，邻里间也会帮忙做事。农户若有嫁娶，一般会在院子里接待亲戚朋友，院子空间不够，甚至会摆桌子到街巷中。逢年过节村中在外务工人员大多数会返回家中，与家人一起度过，尤其到过年的时候，走亲串友的比比皆是。也有一部分坐落在山里的村庄，村民日常娱乐较贫乏。有的农户居住在山脚下，有的甚至居住在半山腰。有一些自然村仅有几户或十几户人家，每户之间距离非常远，农户要去串门需要走很远的山路才能到达。这些类型的村庄水电、交通、医疗等基础设施不健全，导致农户的日常娱乐生活不丰富。

四、阜平县移民搬迁对农户生计资本的影响

农户的生计资本情况决定农户的生计状况，所以通过研究搬迁对农户生计资本的影响，可以判断搬迁对农户生计的影响。生计资本一般分为人力资本、物质资本、自然资本、金融资本、社会资本五类。生计资本指标体系的选取是分析生计资本情况的基础。本书研究的主体是阜平县移民搬迁农户，所以指标的选取要基于搬迁农户生计资本的实际状况，而搬迁农户生计情况的决定因素是阜平县的自然资源条件、社会环境情况和经济发展水平等。通过对阜平县整体情况和移民搬迁状况的了解，本书将搬迁农户的生计资本分为人力资本、物质资本、土地资本及社会资本四类。因为其自然资本主要是土地一项，所以用土地资本代表自然资本，而搬迁农户的金融资本很少，所以在这里不进行分析。农户的家庭情况不同使得其生计资本的构成也不同，所以移民搬迁的影响

也是不同的。

(一) 对人力资本的影响

人力资本是农户生计资本中最重要的部分，是指农户在追求生计目标的过程中所拥有的技能、身体状况、劳动能力等，包括数量和质量两方面。从数量角度看，农户家庭的人力资本情况可以表现为劳动力的数量，用户均劳动力数量来表示。户均劳动力数量是指总劳动力数量与总户数的比值，基于对样本区农户的分类，可以计算出不同类型家庭的户均劳动力数量，户均劳动力数量越多表示该类家庭的人力资本越大。搬迁前农户劳动力数量如表 4 - 18 所示。扩大家庭的户均劳动力数量最多，有 2.99 人，说明从数量上看，扩大家庭人力资本最高；与扩大家庭相差不多的是稳定家庭，其户均劳动力数量为 2.78 人；初始家庭和萎缩家庭的人力资本条件较低，户均劳动力数量分别为 2.1 人和 1.25 人。搬迁后农户家庭的劳动力数量可能均会减少。根据对农户的调查，初始家庭和稳定家庭中有 5% 的劳动力搬迁后预计会退出工作，扩大家庭有 6% 的劳动力搬迁后预计会退出工作，所以就劳动力数量而言，搬迁后人力资本有一定程度的减少，而人力资本减少最多的是萎缩家庭，该家庭中有高达 15% 的劳动力预计搬迁后会退出工作。

表 4 - 18　各类家庭户均劳动力数量

项目	初始家庭	稳定家庭	扩大家庭	萎缩家庭
户均劳动力数量/人	2.10	2.78	2.99	1.25
户均农业劳动力数量/人	1.47	1.67	1.95	1.14
户均非农业劳动力数量/人	1.39	1.70	1.69	0.28

从质量角度看，农户家庭的人力资本情况可以用劳动力质量、知识水平、身体健康状况表示。在劳动力质量方面，可以用户均农业劳动力数量和户均非农业劳动力数量来反映，户均农业劳动力数量表示家庭中从事农业生产和管理活动人数的平均数量，其中包括纯农业人口和兼农业人口，户均非农业劳动力数量表示家庭中从事非农行业人数的平均数量，其中包括纯非农业人口和兼业非农人口。户均非农业劳动力数量越多，表示劳动力质量越高，人力资本就越大；而户均农业劳动力数量较多，则劳动力质量相对较低。由表 4 - 18 可以看出，稳定家庭的劳动力质量最高，其户均非农业劳动力数量最多，人力资本较大；初始家庭和扩大家庭的劳动力质量均处于中等状态；比较突出的是萎缩家庭，其户均非农业劳动力数量远低于其他家庭，说明该类家庭的劳动力质量较差，人力资本较小。搬迁后对劳动力质量的影响程度较小，就初始家庭和稳定家庭而言，家庭中的劳动力正处于壮年时期，身体状况良好，体力和智力都在巅峰状态，短时间内其质量不会发生较大改变，所以搬迁对这两类家庭

的劳动力质量影响不大。而扩大家庭家庭和萎缩家庭与其不同，随着家庭成员年龄的增长，体力逐渐下降，身体机能逐渐老化，尤其是对于年龄基数本来就较大的萎缩家庭，其人力资本有一定的减少，并且是一个动态且缓慢的过程。

劳动力的知识水平可以用农户学历的高低来体现。学历越高的人其生计资本越大，就业机会也就越多，就业选择更加自由，收入来源也较为宽泛。也就是说学历较高的农户有更多的生计方式选择，学历较低的农户搬迁后可能较难改变原有的生计模式，所以学历的高低会影响到搬迁后农户的长久生计保障。根据阜平县移民实际情况，将农民受教育程度分为 5 个阶段，分别为未上过学、小学、初中、高中或中专、大专及以上。样本中，初中和小学学历的人数较多，分别占总样本人数的 36％和 30％；其次是未上过学和高中或中专阶段的，分别占比 16％和 13％；大专及以上学历的人最少，仅有 78 人，占总人数的 5％。从图 4-7 中可以看出，初始家庭、稳定家庭和扩大家庭中受教育程度主要集中在小学和初中，占家庭总人口数量的 60％～75％，萎缩家庭人口学历更低，未上过学和小学学历的人口占比达到 70％。高中以上的较高学历人口主要集中在初始家庭和稳定家庭，且这两类家庭中有还在上学的学生，未来整体学历呈上升趋势，这两类家庭可能是未来经济发展的主力军。

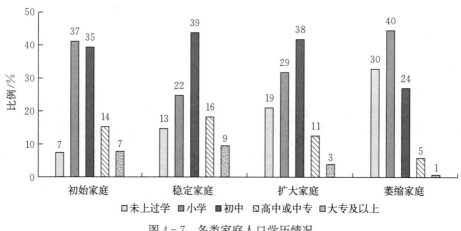

图 4-7　各类家庭人口学历情况

总体上看，阜平县搬迁农户的学历普遍较低，66％的人口都是小学和初中学历，未上过学的占比也较大。在调查的 66 个村中有 43 个村有小学，小学的覆盖率仅达到 65％。每所小学的学生平均数量为 102 人，但教师的平均数量仅为 7 人，师资力量严重不足。幼儿园的情况更加紧张，覆盖率仅为 59％，学生数量也较少，每个幼儿园仅有 27 人，平均教师数量也仅为 2 人（表 4-19）。但农户搬入新区后，小学及幼儿园的覆盖率达到 100％，初始家庭及扩大家庭中儿童的入学率更有保障，孩子上学也更加方便，学习环境会有很大程度的改善。学校内基础设施建设较为完善，学生可以上更多综合性实践性课程，提高他们的综合能力。搬迁后原学校对师资力量进行了整合，教学水平较搬迁前会有所提高。总之，搬迁后不仅能增加学生数量，并且可以提升教学质量，提高整体学历水平，对增加农户的人力资本有积极影响。

表 4-19　搬迁村的学校及相关情况

项目	小学	幼儿园
数量/个	43	39
教师数量/人	316	63
平均教师数量/人	7	2
学生数量/人	4 402	1 071
平均学生数量/人	102	27

在农户身体健康状况方面，搬迁后农户居住社区卫生条件改善，环境变好，有助于提高农户的身体健康水平。对于初始家庭和稳定家庭而言，从事农业生产活动和管理的人数较少，生活较为城市化，搬迁前后身体健康均处于良好状态，所以搬迁对其身体健康的影响微乎其微。对于扩大家庭而言，儿童较多，搬迁后居住环境干净卫生，保证了儿童有一个良好的成长环境。搬入楼房后，有独立卫生间，供水方便，有助于儿童养成干净、卫生的生活习惯。对于萎缩家庭而言，家庭成员年龄均较高，并且随着年龄的逐渐增长，身体健康水平不可避免地下降。

（二）对物质资本的影响

390 户受访农户中，房屋结构由搬迁前的砖混和砖（石）木结构为主转变为钢筋混凝土结构，房龄也由 15 年以上居多变为新房，房屋的质量和安全都得到整体的提升。搬入新家后，农户或多或少要置办一些家庭固定资产，所以搬迁后农户的固定资产会有一定程度增加。但搬迁使农户生活条件得到改善的同时，也会使农户失去其原有的宅基地。物质资本具体情况如下。

1. 房屋结构方面

搬迁前农户的房屋主要以砖混结构和砖（石）木结构为主，有部分茅草房，现代化钢筋混凝土结构的房屋非常少。且房龄一般较大，在访谈中也发现，一部分农户的住房有墙体裂缝现象，有些房屋夏天会漏雨，且冬天不保暖，尤其是一些居住较为分散的村庄，农户房屋有坍塌的风险。而搬迁后的房屋是政府统规统建的钢筋混凝土结构的新房，所以搬迁后房屋整体的质量、性能大大提高。但各类家庭搬迁前房屋结构不同，所以搬迁后房屋质量的提升程度不同，搬迁前房屋质量越差，搬迁后房屋质量的提升程度就越高。萎缩家庭有将近 3/4 的房屋年龄都在 15 年以上，且房屋结构也最差，所以搬迁对萎缩家庭的住房质量提升最高。然后依次是扩大家庭、初始家庭、稳定家庭，由于稳定家庭钢筋混凝土的房屋结构较多，所以对该类家庭的住房质量提升程度最小。

2. 家庭固定资产方面

搬迁前农户的家具大部分是手工制作的，一般是一些木质的衣柜、储物柜等，萎缩家庭的手工家具更多一些。而搬迁后多数农户表示会置办新的生活必要固定资产，尤其是初始家庭和扩大家庭，购置的家庭固定资产会多一些，如储物柜、电动车、电脑等。对于萎缩家庭来说，搬迁前大部分没有固定厨房，在室外或室内搭灶台，做饭烧水用木材等可燃烧材料，而搬迁后这些工具在楼房不能使用，而是统一使用燃气，所以需要购买一些燃气、电器用品。所以从整体上说，搬迁后各类家庭均会增加不同类型的固定资产。

3. 宅基地方面

宅基地的功能有放置农户的农业生产工具，储存农户生活杂物，种植、存放蔬菜，养殖家畜等。宅基地面积的大小会影响这些功能的发挥，宅基地面积越大可以承载的功能就越多。初始家庭和稳定家庭有较高的人均宅基地面积，分别为 49 米² 和 56.7 米²，但是这两类家庭中外出务工人员较多，很大一部分人已经不回农村生活，宅基地长期处于空闲状态，所以搬迁后因失去宅基地而带来的影响较小，并且在搬迁安置后，房屋可能出现空置的现象。扩大家庭的人均宅基地面积是四类家庭中最小的，仅有 44.2 米²，但也远高出了阜平县移民搬迁政策中人均建设面积 25 米² 的住房安置标准。这使得原本居住环境较小的扩大家庭搬迁后房屋更为紧张。且扩大家庭安置房空置的情况极少，因为即使子女外出务工、在城市居住生活，父母也很难到城市居住，绝大部分还是会在农村居住。萎缩家庭的人均宅基地面积高达 93.1 米²，这是因为萎缩家庭的子女成家独居后，家中只剩 2 名或者 1 名老人，其宅基地上有部分空余房屋。所以对于萎缩家庭来说，人均 25 米² 的安置面积可能是够用的。

（三）对土地资本的影响

土地是农民最重要的生产、生活场所，所以土地资本也是农民重要的生计资本，承包地面积则是搬迁农户土地资本的重要反映指标。搬迁后农户的承包地面积不变。从表 4-20 中可以看出，稳定家庭是当前农业生产的主力家庭，其人均耕地面积较大，为 0.8 亩。阜平县的水浇地面积较小，占总承包地的41%。但初始家庭及稳定家庭的人均水浇地面积相对较大，农业生产力更为可观。萎缩家庭的人均承包地最多，为 1.3 亩，虽然其人均水浇地面积最多，有

0.5 亩，但由于家庭成员年龄较大，身体条件相对较差，耕作方式比较传统，他们不会成为农业生产的主力军。

表 4-20　各类家庭的承包地情况

项目	初始家庭	稳定家庭	扩大家庭	萎缩家庭
承包地面积/亩	193.0	346.1	271.5	193.4
户均承包地面积/亩	2.3	3.0	2.7	2.3
人均承包地面积/亩	0.6	0.8	0.5	1.3
水浇地面积/亩	80.7	120.8	140.0	70.6
户均水浇地面积/亩	1.1	1.1	1.1	0.9
人均水浇地面积/亩	0.3	0.3	0.2	0.5
人均水浇地面积占人均承包地面积比例/%	41.8	34.9	51.6	36.5

虽然搬迁前后农户的承包地面积不会改变，但农户对承包地的权益可能会发生改变，承包地可能会通过出租、转让、入股等方式流转。稳定家庭无论是总承包地面积，还是户均承包地面积，还是人均承包地面积都较大，该家庭成员放弃耕种的人口也较少，搬迁后扩大种植面积的可能性较大。而之前已经分析过，萎缩家庭因成员身体等各种原因放弃耕种的人口较多，初始家庭成员外出机会较多，就业选择更广泛，放弃耕种的人口可能也较多，所以这两类家庭承包地的经营权可能会流向稳定家庭。而扩大家庭成员的年龄分布较广，有小孩、青壮年、中青年及老年，所以有条件务工的会放弃耕种，但可能会让给家庭内部其他成员经营，所以该类家庭的承包地经营权可能比较稳定。

（四）对社会资本的影响

搬迁后农户的社会资本会有所增加。移民搬迁对农民外出务工可能会有积极的影响，因为搬迁后耕作更加不容易，农民为了维持家庭的经济收入，会努力外出打工。对于农民来说外出务工机会较多，所以移民搬迁可能会使搬迁户的社会资本增加。

迁入地的地理位置将决定搬迁户的社会资本情况。迁入地的地理位置、经济状况等会间接影响到农户社会资本的变化。从迁入地的选址情况看，选在本乡（镇）政府驻地的最多，占 34%；选在县域或其他中心镇的也占 25%（图 4-8）。相比于搬迁前的居住村，乡镇政府驻地、县域、中心镇的交通、教育、医疗情况更好，企业、工厂更多，同时就业机会增加，总体经济情况更好。所以，搬迁后农户的社会资本会有一定程度的增加。

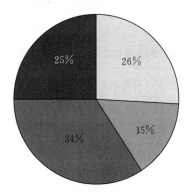

□ 本村的中心点 ■ 临近的中心村 ■ 本乡(镇)政府驻地 ■ 县域或其他中心镇

图 4-8 迁入地选址情况

五、移民搬迁对农户生计的影响

搬迁后农户生计资本的变化自然也会使其生计情况发生变化。搬迁后农户就业情况、收支情况及日常生活情况都发生了变化。其中，就业变化主要是从事农业行业的人口减少以及从事非农行业的人口数量增加；收支变化主要是生活开支加大；日常生活的变化包括生活环境、食品来源方式等的变化。因此，农户就业情况用家庭人员从事农业及非农行业的转变来表示；收支情况则结合各类家庭的收入来源及支出配比进行比较；农户生活环境变化则分析搬迁农户期望的居住楼层情况，以及搬迁后对住房面积和配房功能的影响；食品来源依靠搬迁前后的商店数量及质量的对比以及蔬菜种植和畜禽养殖的变化来描述。

（一）对农户就业的影响

农户搬迁后，地理位置变了，生活环境变了，就业可能也会因此发生改变。搬迁对从事农业生产和管理及从事非农行业人员的影响不同，从事非农行业的人员可能会由于环境或自身原因转向非农行业或者从此不再工作，所以搬迁会减少农业劳动力数量；而对于从事非农行业的人员来说，不会减少其从业人员数量，反而因搬迁后的便利条件，从事非农行业的人员会增加。

1. 对从事农业生产和管理人员的影响

搬迁后对耕种有很多不利影响，包括距耕地的距离变远、农机没有放置的地方、农产品无处堆放等，这些影响可能会导致原本务农的人员放弃务农，从而减少务农人员数量。图 4-9 为各类家庭认为对耕种造成不便的因素所占比重情况，可以看出，不论是哪种家庭类型，到耕地的距离是影响耕种最大的问题，搬迁后到耕地的距离普遍变远。而稳定家庭成员从事非农行业的人口较多，已经在城市居住生活的人口也较多，所以搬迁后对这两类家庭成员的职业

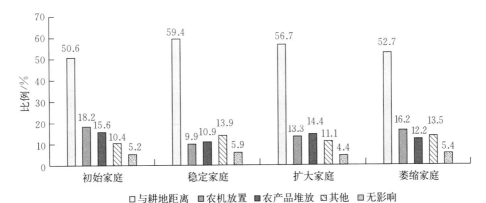

图 4-9 搬迁后各类家庭认为造成耕种不便的因素

及生活的影响可能很小。另外初始家庭及稳定家庭人口学历较高，人力资本较多，在非农行业的就业机会较大，所以其部分成员可能会放弃农业而转向非农行业。而扩大家庭及萎缩家庭年龄偏大的成员较多，其身体状况较差，搬迁对其生产及生活的影响较大：一是对原耕地的生产等活动带来不便，二是搬迁后其生计选择机会较少，三是其自身心理及身体无法接受职业的变更。所以这部分人可能会选择不再工作，依靠政府补贴和子女赡养费进入养老期。所以，经过搬迁，会减少总劳动力的数量。

农业技术培训可以改变农民传统的种植观念及种植方式，使其了解农业新技术，成为懂技术、会经营的高素质农民。但各类家庭中受过农业专业技术培训人口极少（表 4-21）。

表 4-21 受过农业专业技术培训人口情况

项目	初始家庭	稳定家庭	扩大家庭	萎缩家庭
受过农业专业技术培训人口数量/人	5	6	9	0
务农人口数量/人	59	122	141	82
受过农业专业技术培训人口占家庭总务农人口比重/%	8.47	4.92	6.38	0

可以看出，初始家庭、稳定家庭及扩大家庭中受过培训的均不足 10 人，而萎缩家庭中则无人受过培训。这可能是政府举办此类培训较少，或者宣传不到位，再或者农民不愿接受培训等原因造成的。各类家庭中受过农业专业技术培训人口占该家庭务农人口总数量的比重小，而相对占比最大的是初始家庭，占比 8.47%。这可以反映出初始家庭中人口思想较为先进，其接受新鲜事物、学习新的农业技能的能力也较强，未来农村农业的发展可能需要初始家庭的带

动。而稳定家庭和扩大家庭可能会由于搬迁而退出农业生产经营和管理事业，将工作的重心放到非农行业上。萎缩家庭则可能将搬迁作为一个转机，最终实现在家养老。

2. 对从事非农行业人员的影响

搬迁对原本就从事非农行业的农户有一定的积极作用。搬迁后交通条件改善，在外务工人员回家更加便利，在附近务工人员上下班时间缩短。搬迁后居住地的就业机会较多，有更多的就业选择。认为搬迁对其工作无影响的人中大部人都从事非农行业。有部分农户出于对生计的考虑，搬迁后会改变其职业。

如表4-22所示，搬迁后一些农民可能转为务工或者不工作。搬迁后转为务工的有52人，其中转变最多的是扩大家庭，有17人，但占其家庭人数比例为16%。转为务工人数占家庭人数比例最大的是初始家庭，占比19%。说明搬迁对这两类家庭的影响较大，在一定程度上改变了其家庭的原有生产生活方式。搬迁后转为不工作的有28人，这部分人主要集中在萎缩家庭中，一般是搬迁前务农的老年人，由于年龄及身体问题转为不工作。对于这部分人来说即使不搬迁，再过几年也不会再进行农业生产，搬迁只是将这个时间提前了。这些老年人将依靠社会保障及子女赡养安享晚年。

表4-22　农户搬迁后的就业变化情况

项目	初始家庭	稳定家庭	扩大家庭	萎缩家庭	总计
转为务工人数/人	16	15	17	4	52
占家庭人数比例/%	19	14	16	5	
转为不工作人数/人	4	4	7	13	28
占家庭人数比例/%	5	4	6	15	
无影响/人	60	76	75	67	278
占家庭人数比例/%	72	69	69	79	
未考虑/人	3	15	9	1	28
占家庭人数比例/%	4	14	8	1	

（二）对农户收支的影响

农户搬迁后其生计资本发生了变化，这会使农户的生产方式、生活行为发生改变，农户的收支也会因此而变化。对收入的影响主要是生产方式转变带来的，务工收入相较务农收入高一些，所以由务农转为务工后收入会提高。对于支出的影响主要是生活方式改变带来的，搬迁后农户搬进楼房，生活方式更加城市化，各项生活支出可能要更多一些。

1. 对收入的影响

对于原务农人员的影响较大，搬迁后耕种不便，选择继续务农的人一般是没有条件从事其他行业而不得不务农来维持家庭生计，这部分人继续务农会因位置、距离等问题消耗更多的时间及精力，甚至会降低务农的质量，导致农业产量的下降，从而降低农业收入。这种类型的农户主要是萎缩家庭和扩大家庭中年龄较大的成员，还有少部分初始家庭和稳定家庭中思想较为传统或身体有残疾的一些农户。而搬迁后会有部分农民转为务工，这部分人的收入可能会有所增加。初始家庭中转为务工人员的占比较大，扩大家庭中转为务工人员的占比也相对较大，这两类家庭整体收入可能会提高。就业方式转变带来的是收入的变化，而搬迁后转为不工作的人则失去了生产经营的收入来源，这部分人多数是年龄较大、有社会保障金的萎缩家庭及扩大家庭人员。总体来说，搬迁后初始家庭及稳定家庭的户均收入可能会有所提高，而扩大家庭的户均收入变化不大，萎缩家庭的收入明显减小。

其次，对于原务工人员而言，搬迁对其的影响并不大，尤其是对于在外务工人员几乎没有影响。对于在附近务工、每天回家的人员则上班更加方便，这可能会带来工作效率的提升。

2. 对支出的影响

搬迁对农户的生活支出影响较大。搬迁后居住在楼房，农户的水电费用必然会增加。搬迁前农户的水电费支出较少，甚至有些村庄不用村民交水费，只需交部分电费，且部分农户做饭用柴火，基本不需要用电。而搬迁到楼房后做饭、烧水等都需要消耗水电，水电费支出增加较大。搬迁后还会有取暖费用，虽然政府承诺补贴10年，但10年后这将会成为农户的一项较大开支。搬迁后的采购费用会增加。搬迁前农户可以自己搞种植、搞养殖，实现部分种类的农产品自给自足，但搬迁后食品大多需购买。农业生产经营支出会有所下降，因为部分人放弃从事农业。教育支出及医疗支出搬迁前后的变化不大。另外，可能会增加其他的费用支出，如垃圾处理费等。但是对于外出务工人员较多的稳定家庭以及在外上学人员较多的初始家庭，搬迁前后的水电费、食品采购支出变化不明显，因为其长期在外，在家的时间较少。

（三）对农户居住的影响

搬迁前绝大部分农户居住在农村的平房，有院子和配房。搬迁后都居住在新建的楼房中，相比搬迁前，农户的实际居住面积减小，但房屋结构改善，房子质量提升了。院子缺乏替代品，这对农户的影响也较大。另外，搬迁后农户的居住楼层也会影响其日常的生产及生活状况。

1. 农户房屋面积改变

搬迁后农户的房屋面积相较之前均有不同程度的减小，对不同家庭类型的农户也有不同的影响。对于扩大家庭而言，虽然其搬迁前后人均房屋面积都是25米^2，但搬迁对其影响也较大。因为其家庭人口数量较多，家庭用品及杂物就较多，而搬迁前院子里可以堆放一些物品，但搬迁后杂物等只能全部放在室内，这就相对减少了居住活动空间。且扩大家庭中有子孙三代人口，搬迁前共同居住在一个院内，但房屋一般都是不相通的，家庭成员有相对独立的个人空间，搬迁后若共同居住，隐私空间相对较少，可能会给其生活带来不便，增加生活中的摩擦，使生活的幸福感降低。初始家庭居住压力较小，生活方式更加舒适，更加城市化，所以搬迁后其生活可能会更加适宜，生活质量更高。

2. 农户配房功能变化

搬迁后配房的功能要分散到楼房的客厅和卧室中，搬迁前配房的主要功能有临时居住、厨房及储物。搬迁后的楼房中均有厨房的专门位置，且厨房的上水下水方面更为便捷，所以对配房有厨房功能的农户是没有影响的。但对配房有储物及住宿功能的农户有较大影响。住宿功能对初始家庭及扩大家庭的影响较大，因为这两类家庭配房的居住功能占比均达到 20％以上。移民搬迁的住房是按每人 25 米^2 的标准安置，面积有限，卧室较少。一个卧室一般可居住两人，对于人口较为复杂的家庭（如和兄弟一起住且兄弟有妻子有孩子的家庭等）居住更为不便。搬迁前主房、配房均可用于居住，且部分家庭的主房有炕，可以容纳更多的人，客人到访时也有住的地方，但在楼房中安置起来就比较困难。虽然萎缩家庭配房的住宿功能达到了 25％，但绝大部分并不是用于自己居住，而是子女回来看望时居住，所以对于萎缩家庭的影响相对较小。配房有储物功能的农户可能受影响最大，尤其是对于稳定家庭，其配房的储物功能占比 50％，搬迁后势必会面临杂物无处安置的局面。并且搬迁前主房、配房、院子均可储物，对于所有家庭来说，搬迁后因楼房面积有限，储物功能自然不足。

搬迁后居住楼层对农户生活也有很大影响。阜平县移民搬迁工作还未全部结束，大部分农户还没有完成搬迁工作，仅有少量的农户已经搬迁到楼房中。因为安置楼房主要是多层楼，所以调研时，让农户在多层楼中选择理想楼层，结果如图 4-10 所示。可以看出，初始家庭和扩大家庭中，理想楼层是 3～4层，喜欢这个楼层的人口分别占 44.6％和 43.5％。稳定家庭和萎缩家庭理想楼层是 2 层以下，喜欢这个楼层的人数分别占 43.6％和 48.2％。可以看出大多数农户的理想居住楼层是 1～4 层，也有一部分人无所谓居住在几层，年龄较大或者行动不便的萎缩家庭农户更愿意住在 2 楼以下。这是搬迁户的理想楼层，而实际上已经搬迁的少量村庄都是采用抓阄定楼层的方式，还未搬迁的村庄也将用这种方式。这样虽然相对公平，但搬迁户很难得到自己的理想楼层，对于初始家庭和稳定家庭的影响可能较小，因为其家庭成员适应能力较强，身体条件也较好，住在几层对其来说只有微弱的影响。而对于扩大家庭和萎缩家庭来说，家庭成员中年龄大的人较多，生活方式传统单一，身体状况相对较

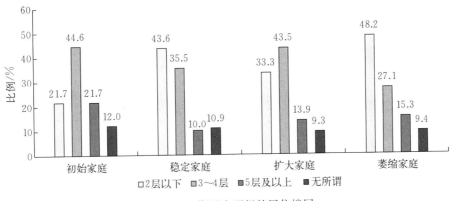

图 4-10　搬迁户理想的居住楼层

差，搬迁可能会给这些农民带来较大的心理负担，而且实际生活中会有许多困难，若其居住到较高楼层，到外边买菜都较为困难，这些人会减少外出活动的次数，这对其身体健康也会有一定的影响。所以搬迁后的居住楼层，对不同家庭类型的影响不同，对萎缩家庭的影响较为严重。

(四) 对农户日常生活的影响

搬迁前大部分农户的蔬菜类食品是靠在自己院子或者房屋旁边耕种来满足，秋季也会囤一些土豆和白菜在自家的地窖里。阜平县搬迁中在这方面也有所考虑，如规定在条件允许的情况下按人均 0.1 亩地的标准给搬迁户配置菜园，但在实际安置中很少有村庄能够落实，大多数安置区没有预留菜园的位置。所以搬迁后农户没有土地来种菜，所有的蔬菜都需要在超市购买，且没有地方储存过冬需要的大量土豆和白菜，所以农户搬迁后不得不应季购买蔬菜。这对于长期在农村生活的扩大家庭和萎缩家庭影响较大。对于初始家庭和稳定家庭来说，由于其外出务工人员较多，长期在外生活，所以搬迁后对其影响微乎其微。并且初始家庭中有大量在外地上学的人员，稳定家庭也有一部分，而这部分人也长期不在农村生活，所以搬迁对初始家庭和稳定家庭的影响较小。对于肉蛋奶类食品，搬迁前部分农户会靠自己养殖来满足部分需求，而搬迁后没有养殖的条件，肉蛋奶类食品也需到超市购买。这对于搬迁前养殖畜禽数量较多的萎缩家庭无疑有很大的影响，而对于在外人员较多、畜禽养殖数量较少的初始家庭及稳定家庭影响较小。

农户搬迁前后的生计资本发生了改变，进而使农户生计状况发生了改变，而不同家庭生命周期农户搬迁前后的生计变化情况不同。初始家庭人口学历较低，搬迁后人力资本将会增加，物质资本增加较多，社会资本也会增加，从而使得该类家庭收入增加，居住舒适度也会提升；稳定家庭的人力资本将会增加，物质资本有一定程度增加，土地资本可能增加较多，社会资本也会增加，因此搬迁对该类家庭的生计有较为积极的影响；扩大家庭的人力资本增加，物质资本增加较多，土地资本变化不大，社会资本增加，使得该类家庭成员就业选择范围扩大，从事非农行业人口可能会增加，收入也会增加，但居住环境会变得更加拥挤；萎缩家庭的人力资本减少，物质资本减少程度较小，土地资本减少，社会资本增加，所以搬迁对该类家庭的生计影响较为消极，搬迁后该家庭成员中劳动力数量减少，收入随之减少，水电费和蔬菜类食品等支出增加，但其住房质量提升较大，居住空间也相对宽松。

六、提高搬迁农户生计可持续性的对策建议

（一）政策制度方面

1. 做好建新安置区基础设施建设，打造生态宜居家园

要合理规划、完善基础设施，做好道路硬化、修建排水设施工作，保障搬迁户的生产生活需要。在安置区建立规范经营的幼儿园，配套幼教设施设备，确保初始家庭及扩大家庭中儿童的入园率达100％。同时，要规划建设中小学校，满足当地中小学生教育需求，通过加强建设师资队伍的方式，来提升整体的教学水平，提高农户的文化水平。此外，要完善医疗公共服务设施，在安置区配置至少一个卫生室，定期向扩大家庭和萎缩家庭中年龄较大的农户宣传医疗救助常识、老年病救治方法、地方病防治等知识，免费为其体检。鼓励稳定家庭中学医人员返乡，培养医学人才，减少农户因病致贫返贫现象的出现。

2. 推进农村绿色发展

制定合理的水价，减轻长期在农村生活的扩大家庭和萎缩家庭农户的负担，确保搬迁农户用水方便且安全，不发生浪费资源的现象。在保障农户的生产生活正常用电的同时，引导农户树立节约意识，可建设分布式或集中式光伏发电设备。天然气是很好的清洁燃料，要推动天然气管道的建设，鼓励农户使用。由于生活习惯不同，农户对天然气的了解不多，尤其是思想较为保守的萎缩家庭，要着重对萎缩家庭成员讲解天然气正确使用方法，促进农户安全、有效、节约地使用天然气，使其告别传统烧柴烧炭的做饭方式。要积极整治人居环境，维护建新区污水、垃圾等综合治理，让良好生态成为乡村振兴支撑点，打造农民安居乐业的美丽家园。

3. 发展现代农业产业，促进农户就业增收

一方面，因地制宜发展光伏产业，可在光照条件良好的山地建设光伏发电设备，充分利用闲置资源提高村集体的收入。农户也可在阳台、屋顶等安装太阳能板，实现电力自给自足，从而缓解资源压力，减少电费支出。另一方面，鼓励、引导稳定家庭及扩大家庭农户利用国内国际两个市场两种资源，构建现

代农业产业体系、生产体系、经营体系，实现农村一二三产业深度融合发展。促进农业合作社、专业大户等新型农业主体规模化经营，加快农业转型升级，优化农业生产力布局，积极引导村民采用土地合作、资金入股等多形式合作方式，实现共同致富、共同抵御风险模式。引进先进管理理念和技术设备，及时了解市场动态和需求，适时调整种植的作物和品种。进行农产品深加工，促进农业内部融合，延伸农业产业链，从而增强自身竞争力。另外，推进农业结构调整，发展乡村新产业新业态，壮大特色优势产业，加大食用菌类种植规模，培育优良品种，规范管理模式，形成完整产业链。在种植的基础上开展对食用菌的初加工和深加工，在互联网上进行销售，树立品牌意识，创立自身品牌标识。给农户提供就业岗位，拓宽增收渠道，提升当地的整体收入水平。

(二)村集体方面

1. 促进搬迁农户归属感的建立，加强农村基层党组织建设

搬迁前各村集体是独立的组织，搬迁后多个村集体集中居住生活，组建新的基层党组织非常重要，村民自治在管理和服务村民事务及带领农民致富方面具有积极意义。搬迁农户文化程度偏低，权利意识不强，与政府的对接效率较低，对于政府的一些制度、政策不能理解，关乎自身利益的事情不能及时了解。要组织农户活动就需要基层党组织，来衔接农户与政府，传达政府精神，维护农户合法权益。新的基层党组织可以在原村委会的基础上进行改进重组，成为新的自治组织，并且由农户自发选取村民代表进入组织对现有成员进行监督。同时，要建设好农村基层党组织带头人队伍，完善村民自治制度，健全乡村治理体系，提高乡村治理能力，让乡村社会充满活力，提升自我管理和自我服务能力，确保搬迁农民安居乐业、农村社会安定有序。

2. 丰富社区活动，传承发展中华传统文化

我国农耕文明源远流长，寻根溯源的人文情怀和国人的乡村情结历久弥新。虽然农户从习惯、熟悉的生活地点搬离，生活生产方式都发生了巨大的变化，尤其对于萎缩家庭成员，在生活、心理等各方面的适应都困难重重，但只要村集体要在其中发挥作用，打消农户的顾虑，帮助其融入新生活，保留原来村集体文化，重建及扩大搬迁前的打鼓队、秧歌队等，延续庙会等活动，就可以使搬迁农户对搬迁后的生活树立信心，同时融入现代社区文明，也可以使传统活动具有更深厚的文化土壤。在搬迁的过程中尽量将同村的农户安置在同一安置点，避免完全打破原本的社会结构，维持原本的交际网络。同时，要统计搬迁农户的民间传统文化和技艺，进行记录和保存，运用当地的民俗特色文化，结合时代要求，在保护传承的基础上创造性转化、创新性发展，焕发乡风文明新气象，将乡村优秀文化与乡村优美环境结合起来，鼓励且帮助扩大家庭中长期居住在农村的人员发展文化旅游业。这样既可以缓解农户搬迁的心理适应压力，又可以传承和发展传统文化，焕发乡风文明新气象，更好地满足农民精神文化生活需求。

（三）农户方面

1. 转变思维方式，增强自身发展能力

在接受外部帮扶的情况下，农户同时要明白，要通过自己的努力致富。搬迁农户中除萎缩家庭外，有很多纯农户或农业兼业户离开原来耕种的土地，收入缩减，要维持其生计就必须提高自身的"造血"能力。原有的建设用地复垦为耕地后由村委会转包给农户，扩大家庭中有意向继续种植或有意扩大种植面积的农户较多，该类家庭成员要积极争取土壤肥沃、位置较好、容易利用农业设施的耕地，进行适度规模种植，利用现代化农业工具提高劳动效率，发展现代化农业，振兴乡村产业。

2. 积极学习农业知识，掌握专业技能

稳定家庭农户可能相对更易发展规模化果林园林，可以聘用当地劳动力，请专家对种植技巧进行专门培训，从而熟练掌握果树各生长阶段需要的管护措施，不仅可以缓解当地农户就业压力，还可以提高自身经济收入。要积极关注农业政策，了解农业的发展动向，及时作出农业经营和管理对策。耕地位置偏远、耕作条件恶劣的农户，以及萎缩家庭中身体条件不允许继续耕种的农户，可以退耕还林还草，保护生态环境。村集体或上级政府聘请农业专家、技术能人为农户进行技能培训时，农户要积极参与，获取更多新的农业知识，以提高自身技能，提升农业生产水平。

第五章　阜平县移民搬迁后村民生活变化的个案分析及搬迁工作绩效评价

阜平县整村移民搬迁是依托城乡建设用地增减挂钩项目进行的。该项目分三个批次进行，共涉及 14 个乡镇 33 个行政村，其中，第一批次有 8 个试点，分别为阜平镇楼房村、城南庄镇福子裕村和南台村、龙泉关镇平石头村、天生桥镇大教厂村、砂窝镇全庄村、夏庄乡二道庄村和吴王口乡寿长寺村，共涉及 72 个自然村 2 418 户 7 556 人；第二批次有 20 个项目区，涉及 13 个乡镇 20 个行政村 260 个自然村；第三批次有 44 个项目区，涉及 10 个乡镇 44 个行政村 334 个自然村。在第一批试点中，楼房村的搬迁安置是最早的，村民已经基本稳定。所以本章仅以楼房村为观察点来分析阜平县移民的生活变化情况并分析搬迁工作的绩效。

第一节　楼房村项目实施概况

一、移民搬迁实施背景

阜平县地域范围 2 496 千米², 现辖 13 个乡镇，有行政村 209 个，自然村 1 131 个。2017 年全县总人口 22 万人。楼房村位于阜平县阜平镇西南部，位于阜平县城中心区域，距离中心城区约 12 千米，辖大马背、下马圈沟、上马圈沟、葫芦沟、上沙岗岭、下沙岗岭、庙掌沟、庙安、楼房等 9 个自然村，总面积 2.287 1 万亩，耕地面积 579 亩。当前仅有一条乡道与 207 国道相连再通向外界，距中心城区 20 分钟车程。

由于楼房村人口居住分散、交通不便、生产生活条件恶劣，产业发展受到严重制约。2015 年 6 月在广泛宣传、深入摸排的基础上，楼房村被列为村庄整合搬迁增减挂钩首批试点村。计划将楼房行政村所辖的自然村集聚于楼房主村内。新住宅区规划为 144 户，同时高标准完成村内公共服务设施的配套及村民医疗、养老和物业管理的补贴。

（一）自然条件

阜平县整体为山区县，楼房村平均海拔高度 500 米左右，地势南北高、中间低，地形地貌以中低山、丘陵为主，少量相对平坦的山场。楼房村植被保存较好，森林覆盖率高，生态环境良好。楼房村位于阜平县中部，气候为大陆性季风气候，属于暖温带半湿润地区，冬季寒冷、干燥、少雪，春季多干热风，夏季高温、高湿、降水集中，秋季秋高气爽。年均气温为 12.6 ℃，常年积温 801.9 ℃。年均降水量为 550～790 毫米，无霜期 140～190 天。

旧的楼房村建于山地之上，村庄南侧有季节性水系通过，整体格局背山面水，是典型的山地型村庄建设。村庄主要靠一条东西向、宽度不足 4 米的道路与外界相连，且往西路段坡度巨大，机动车通行十分困难，而步行交通则可通过一条小径从村庄南侧出去。

楼房村所在地是典型的山地地区，地形复杂，基地高程差别较为明显，河流北侧有少量低高程地块，河流北侧高程多在 508～553 米，落差较大。基地内坡度都很大，形成了多个面积较小的台地，村庄内仅有少量地块坡度在 8°以下，楼房村的建设必须进行土方开挖工程。安置区基地朝向较好，北高南低，阴面角多在河流南侧，日照充足。

综合高度、坡向等因素，得出适宜建设范围主要位于当前主村所在位置，适宜建设面积较小，约 3.81 公顷，建设用地资源比较紧张。

（二）项目区范围

楼房村拆旧区共涉及 1 个行政村 9 个自然村，共计 244 户 653 人，其中，楼房自然村 88 户 249 人，上马圈沟自然村 8 户 13 人，下马圈沟自然村 16 户 36 人，葫芦沟自然村 15 户 30 人，大马背自然村 34 户 112 人，下沙岗岭自然村 13 户 19 人，上沙岗岭自然村 34 户 101 人，庙安自然村 18 户 53 人，庙掌沟自然村 18 户 40 人（表 5-1）。项目建新区共涉及 1 个行政村，1 个自然村，涉及拆迁 66 户，共计 170 人。拟占用土地面积 45.49 亩，其中，耕地 1.32 亩，林地 1.59 亩，农村道路 0.68 亩，建设用地 39.06 亩，未利用地 2.83 亩。建筑性质为 4～5 层的多层楼房，共 9 栋。户型为 65 米^2、90 米^2、106 米^2，分别有 36 套、36 套、72 套（表 5-2）。已建设有两幢公寓楼，共 56 户，每户建筑面积为 106 米^2，配套锅炉房正在建设中。基地内主要公共建筑为幸福院、村委会和卫生室，其中幸福院和村委会设在一处院落中，建筑较新，院内还建有戏台；有石材加工厂一处，加工噪声较大，且粉尘污染较严重；村庄小学位于基地往西 200 米左右，建筑质量较差，村民希望未来能够与村庄建设结合，对学校进行改造。

表 5 - 1　自然村人口统计

自然村	人口数/人	户数/户
楼房	88	249
上马圈沟	8	13
下马圈沟	16	36
葫芦沟	15	30
大马背	34	112
下沙岗岭	13	19
上沙岗岭	34	101
庙安	18	53
庙掌沟	18	40
总计	244	653

（三）项目区规划空间布局

楼房村规划范围为 3.03 公顷，整体村庄建设范围比较集中紧凑，且村庄规划安置 144 户，规模较小，因此规划结合实际情况，尽量将各类公共设施、公共空间集中布局，形成"丁字架构，一心三片"的村庄空间布局。

其中，"丁字架构"指村庄主要道路，形成"丁"字形对外联系通道，方便机动车出行；"一心"指规划在原有村委会附近，围绕村庄主要道路的交叉口，结合村民活动中心、农村超市、广场、公园等形成楼房村的公共核心区域；"三片"指结合整体地形，由村庄主要道路分割成三个居住片区，并各自设置三个组团中心，配置广场、健身设施、公共厕所等。整体上村庄形成各个居住片区围绕村庄公共核心的格局，使各个片区内村民能够便捷地到达村庄中心。

保留原有幸福院、戏台，并在旁边新建村民活动中心，与南侧村口公园、中心广场共同构成村庄的公共核心区域；村口设置牌坊和景观构筑物，增强村庄标识；住宅成组分布，每个组团内设置小游园；住宅层高控制在 5 层以下，大部分为 4 层，每户设置地下杂物间；宅前屋后安排菜地，延续村庄生产生活景观。

（四）项目区公共服务设施及基础设施建设

项目区公共服务设施及基础设施建设方面包括交通、村委会、卫生站及农业生产设施等，设计要求如下。

1. 交通设施

楼房村村庄道路为自然形成，没有经过规划设计，步行道路四通八达，但主要道路宽度过窄，无法满足村民机动车通行要求。规划对村内主要道路进行拓宽，并通过"丁"字形主要道路组织内外交通，延续原有交通路径的基础上方便村民出行。由于楼房村地势复杂，且规划保留原有村委会及新建公寓楼，为保证村民机动车出行要求，规划将村庄主要道路拓宽至 6 米，支路拓宽至 4 米，保证机动车单向通行，步行路 1~1.5 米；规划在住宅院落空间设置 18 个公共停车位，并且利用村委会北面的空地预留公共停车场。

2. 公共服务设施

在土地资源极其紧缺的情况下，各类公共设施集中设置于村庄中心，一方面可节约用地，提高使用效率；另一方面可以产生集聚效应，利于形成良好的村庄氛围。考虑村民活动习惯和各类公共设施需求人群的关联性和集中布置的用地集约性需求，采用如下几种集聚建设方式：村委会、文化设施、体育设施宜集中设置，建筑形式以村民活动中心的多功能厅为主，兼顾村民红白事、卫生站、幸福院等功能，建筑面积以 0.5 米^2/人来设置；在用地上再结合村民广场一起构成村庄中心，是村庄内公共活动的核心区域；考虑老年人对于就医便利性要求较高，卫生站与养老设施集中设置在一起，既方便老年人就医，又增加了医护人员的工作效率；小商店设置于村民活动中心对面的中心广场，根据村民开店意愿自由选择。

3. 农业生产设施

楼房村共需安置农民 144 户，需要规划 14.4 亩菜地。按照农民的生产生活习惯，规划选取村内日照条件较好、空间相对完整的地块复垦或继续作为菜地使用，既能使村庄形成村田相间的格局，也方便农民就近耕种，规划村内成片菜地共计 0.48 万米^2，约 7.2 亩。剩下 7.2 亩菜地则选在村庄东侧山坡的良田中。另外，村庄房前屋后的空间，也可种植一些对阳光要求不是特别高的农作物；考虑到农业生产具有季节性特点，规划在村庄核心区设置村民广场及公共建筑用房，平日可将该房屋作为超市和公共仓储使用，农忙季节则可作为流动加工用房及场地，使村庄公共资源得到充分利用。

二、楼房村移民安置工作程序

阜平县城乡建设用地增减挂钩项目由国土资源局作为业务牵头单位，负责土地利用总体规划和土地整治规划、增减挂钩专项的编制以及土地确权、项目送审报批、建新区供地、拆旧区建设用地复垦实施及验收、集体土地报批等工作，其他部门协助。并在各试点乡镇成立工作小组，由乡镇书记任组长、乡镇乡长任副组长，镇骨干力量和各试点村"两委"干部任成员。

领导小组的工作程序与内容如下。

1. 进行整村搬迁政策宣传

县领导小组召集成员单位，试点村所在乡镇、村干部，召开专题会议，宣讲工作意义、原则、要求等事宜；对城乡建设用地增减挂钩试点工作政策进行解读，对成员单位和乡镇划分职责，明确分工。之后县、乡镇两级领导小组入驻试点村，对试点工作进行动员、民意调查，根据调查结果由县修订拆迁补偿方案和规划设计方案。

2. 确定作业单位

阜平县国土资源局按照相关规定通过招投标方式，确定项目评估、勘测、设计、规划文本编制单位。按照立项要求制定项目实施方案及时序，包括建新区选址、建新区建设进度安排、收益分配方案、安置补偿具体方案、住房分配方案、旧房拆迁方案、项目区复垦后管护方案、过渡安置方案、土地权属调整方案等。

3. 确定方案并组织农户签订协议

县领导小组讨论作业单位制订的项目相关方案，下发至各个试点村，安排乡镇组织相关部门、村委会及村民代表参加听证会，讨论各方案并总结村民代表意见，反馈给县领导小组。县领导小组再次修改确定，在试点村张贴《告知书》。由乡镇牵头对项目区涉及农户签订拆迁补偿协议等相关法律文书。

4. 项目实施

乡镇政府负责协调组织农户搬迁、补偿等，国土资源局负责土地征收报批工作，并按供地政策依法办理国有土地供地，获取县政府的报批，对拆旧区土地复垦项目进行招投标，确定施工、监理等单位。

5. 申请立项与组卷上报

拆迁补偿协议签订率到达规定比例后，乡镇政府报请县政府批准启动立项工作，并提交乡镇政府申请增减挂钩项目立项的请示、拆旧区建新区说明材料及影像资料、村民代表会议资料、各项目实施方案。县政府将乡镇政府申报的资料批转国土、规划、住建等相关部门进行审查或召开专题会议研究，待各部门审查同意后，县政府批准启动立项工作。最终由阜平县国土资源局负责项目立项工作，逐级上报保定市国土资源局、河北省国土资源厅、国土资源部，最终国土资源部对项目区下达备案号。

6. 项目验收及后期管护

项目区复垦后，国土资源局组织项目评估，并形成项目验收申请书、县级初验报告、项目竣工报告、项目建设情况表、项目竣工图、项目决算报告、工程监理总结报告等，最终上报保定市国土资源局。市国土资源局随后组织土地、农业、水利等部门对项目区进行复查，验收合格后，上报省国土资源厅，最终在国土资源部进行备案。

三、搬迁资金使用情况

阜平镇楼房村共有 9 个自然村，拆旧区建设用地总面积为 197.223 亩，建新区总面积为 45.489 亩，建新区建设用地总面积为 39.061 5 亩，新增建设用地面积 6.427 5 亩，复垦区面积为 144.724 5 亩，出地率为 72.32%，新增耕地面积 104.66 亩；复垦区总投资 861.55 万元，亩均投资 8.231 9 万元，节约指标 98.232 亩，指标收益 7 858.56 万元，结余资金 6 997.01 万元，建新区工程费 5 588.96 万元，剩余资金 1 408.05 万元。项目的安置补偿供需资金约 3 460.05 万元，其中拆迁补偿 1 322.9 万元，安家补贴 850 万元，物业取暖补贴 687.75 万元，养老保险 599.4 万元，需县财政补贴 2 052 万元。

阜平县是国家扶贫开发工作重点县，也是"燕山-太行山片区区域发展与扶贫攻坚试点县"。因此，国土资源部根据在赣州定点扶贫和乌蒙山片区的相关经验，允许城乡建设用地增减挂钩的结余指标在河北省域范围内使用，因此阜平县结余指标以每亩 80 万元的价格流转，有效地解决了贫困户搬不起的问题，促进易地扶贫搬迁的顺利推进。

第二节　楼房村搬迁后村民的生活质量评价

一、评价数据来源

为了解楼房村村民对搬迁后生活质量的看法，采用问卷调查法和访谈法对村民进行调查。调研区域共有已搬迁农户 144 户，发放问卷 110 份，收回 105 份，其中有效问卷 102 份，问卷有效率 97.1%。根据实地调研，获取第一手数据资料，数据描述如下。

如图 5-1 所示，在性别构成方面，被调查者男性占比 47%，女性占到 53%，由于男性多在外务工，因此调查中女性比男性多。如图 5-2 所示，在文化程度方面，被调查者农户文化程度都比较低，文盲占到调研样本的 23%，

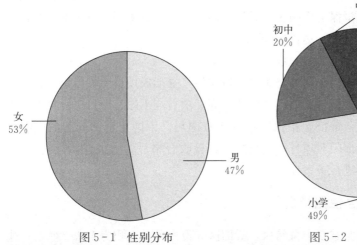

图 5-1　性别分布

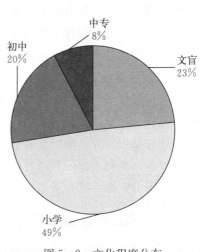

图 5-2　文化程度分布

在家庭最高文化程度上，有 37.3％农户家庭最高文化程度是初中，有 23.5％农户家庭最高文化程度是中专，大专以上农户只有 10 户，占到总样本的 9.8％，有 19.6％农户家庭最高文化程度只有小学，10 户家庭最高文化程度是文盲，由于研究区域经济条件较差，教育较为落后，所以劳动力素质偏低，在外打工的劳动者多半从事苦力劳动。

如图 5-3 所示，在家庭电器方面，每个家庭都拥有燃气灶，做饭使用天然气清洁能源；有 100 户家庭拥有电视机，其中 2 户为新搬入家庭，尚未购买电视机；68 户家庭拥有冰箱，而拥有空调和电脑的家庭数量比较少，分别是 8 户和 2 户。可见，农户家用电器拥有较少，具有趋同性，且多是维持生活需要的家用电器，家庭生活状况不理想。如图 5-4 所示，在家庭交通工具方面，14 户拥有自行车，12 户拥有摩托车，10 户拥有电瓶车，而拥有三轮车和小轿车分别是 2 户和 4 户，农户拥有交通工具数量总体较少，甚至有 70 户家庭没有交通工具，出行主要靠每天一趟的班车。

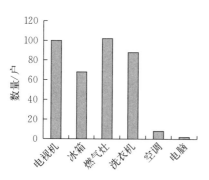

图 5-3　拥有电器家庭数量

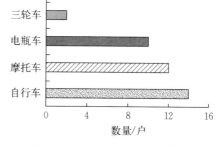

图 5-4　拥有交通工具家庭数量

如表 5-2 所示，在从事的职业类型上，被调研对象中有 67％是农民，主要在家从事种植、养殖业；6％是个体经营户，主要是从事超市经营、树苗育种生意等；4％的被调查者在外地工地打工，工作时间较长，收入水平低；18％从事其他工作，如帮别人开车，其中有退伍军人 2 名。农户从事职业较为单一，且多是体力劳动，二三产业发展缓慢，收入稳定性较差。

表 5-2　农户从事职业类型

项目	乡、村干部	无职业	其他	农业劳动者	农民工	个体经营	合计
人数/人	2	4	18	68	4	6	102
比例/%	2	4	18	67	4	6	100

如图 5-5 所示，在健康状况方面，47％被调查者患有慢性病，如哮喘、关节炎、高血压等疾病；33％身体比较健康，没有疾病困扰；有严重疾病和很

健康的各占 10％，其中患有严重疾病的有 10 人，病种是严重摔伤、截肢、瘫痪、严重心脏病等。可见，调查区域农民身体状况并不好，患有疾病的多达一半以上。身体状况严重影响着农户产业选择，并会影响搬迁后的生活质量。

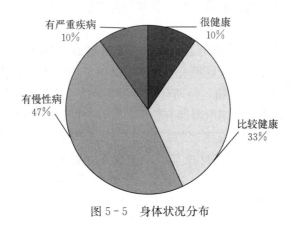

图 5-5　身体状况分布

二、农村居民生活质量评价指标体系构建

（一）指标体系构建原则

农村居民生活质量评价指标体系的构建需遵循以下原则。

1. 全面性与系统性原则

指标选取时应遵循系统性原则，将指标体系作为互相联系的有机整体，每一个指标只反映某一方面的情况。同时，设计的指标必须全面，不仅包括物质层面的指标，如人均纯收入、住房满意度等，还要考虑精神层面的指标，如环境卫生满意度、社区安全满意度、邻里关系相处情况等，此外还要考虑农户对政策实施过程的满意度等内容，只有全面系统考虑各个指标才能有效反映搬迁后农户生活质量水平。

2. 科学性与可操作性原则

指标的设计必须符合客观规律和当地实际，指标含义明确，计算方法准确规范，能准确反映农村宏观评价指标与微观满意度评价指标，以保证数据与分析方法的科学性和准确性。影响农户生活质量的因素有很多，在指标的选取上，也不是越多越好。此外，一些较难操作的指标（如预期寿命、犯罪率等），需要使用其他替代指标，因此要兼具可操作性和合理性，选择有代表性的指标进行评价。

3. 主观指标与客观指标相结合原则

指标体系构建必须考虑主观满意度的评价，因为这部分指标最能贴切表达人们对生活质量的感知，同时还要兼顾客观指标的选取，从生产生活各个方面量化影响因素。

（二）农村居民生活质量评价指标选取

1. 客观指标

（1）经济状况。经济状况是影响农村居民生活质量的基本因素，是农村居民最为关注的问题，也是评价搬迁后农村居民生活质量提高的重要依据。收入水平的提高可带动消费，是农村居民生活质量不断提高的前提条件。在一定经济发展水平下，收支结构反映了人们的消费状况和需求满足程度，因此经济状况是农村居民生活质量评价的关键客观指标。

（2）家庭生活状况。农村居民生活质量的提高首先体现在家庭生活状况的改善。良好的居住环境和居住条件是农村居民生活质量提高的前提，而生活质量的评判也不局限于住房面积的大小，家庭所拥有电器和出行工具更能反映农村居民生活的富裕程度。因此，家庭生活状况对农村居民生活质量提高的影响更显著。

（3）政治参与和社会服务。政治参与是反映人们生活质量和参政意识的关键因素，主要体现在政治权利的实施及参与基层管理的自主性和积极性。根据马斯洛需求层次理论，当人们基本生活保障得到满足时，会追求更高层次的需求，生理需求和安全需求得到满足后，人们会寻求社交需求、尊重需求，甚至是自我实现的需求。政治参与和社会服务是农村居民基本生活条件得到满足后产生的需求，因此政治参与和社会服务是农村居民生活质量不断改善的外化行为。

（4）农业生产状况。农业生产是农民安身立命之本，是家庭收入的主要来源，因此农业生产状况和基础设施建设情况可直接影响农村居民收入状况，并作用于农民对生活质量满意度评价。农业生产是农村居民主要从事的活动，直接影响到农村居民收入状况，因此对农业生产状况进行评价非常必要。

2. 主观指标

主观生活质量的评价是基于一定客观条件的感知，是对客观条件的主观认知和评价，但生活质量评价的主观和客观结果往往并不一致。如客观生活条件较差时，人们的主观评价更为不满意，当客观条件稍微得到改善时，对生活质量的主观评价会有较大程度的提高；同时，在客观条件非常好时，稍微降低客观生活条件，将会引起主观评价结果大幅度降低。因此，主观指标的选取将从经济状况满意度、家庭生活状况评价、政治参与和社会服务状况、农业生产状况四方面的满意度和便利度上进行，以农村居民的真切感受为依据作出生活质量评价。

（三）农村居民生活质量指标体系的构建

农村居民生活质量指标体系的构建兼顾客观指标和主观指标，能全方位反映农村居民生活质量状况。在借鉴全面建成小康社会评价指标体系和国内外研究成果的基础上，根据当地实际，确定农村居民生活质量评价体系。

该体系有三个层次：第一层是目标层，即农村居民生活质量综合评价；第二层是领域层，包含经济状况、家庭生活状况、政治参与和社会服务、农业生产状况四个领域；第三层是指标层，将客观指标与主观指标分离，其中客观指标选取了12个，主观指标选取了14个（表5-3）。

表5-3　农村居民生活质量评价体系

领域	主观指标	客观指标
经济状况	收入满意度	年人均收入 工作时间 务工收入
家庭生活状况	房屋质量满意度 用电满意度 通信和网络信号满意度	人均居住面积 房屋装饰支出 人均生活用电量 人均食物支出
政治参与和社会服务	政策满意度 搬迁意愿 看病便利程度 邻里关系满意度 闲暇活动满意度 环境卫生满意度 文化广场满意度	看病支出 教育支出 新型农村合作医疗保险报销比例
农业生产状况	灌溉便利程度 机械化便利程度 农业设施满意度	人均耕地面积 主要地块距离

三、搬迁村民生活质量评价

农村居民生活质量涉及生活的方方面面，且主观性较强，因此选用多方面满意度去测算农村居民生活质量综合指数，在此基础上，建立综合指数与客观评价指标之间的多元线性关系，从而找到影响农村居民生活质量的主要客观因素。

（一）村民主观生活质量的评价

1. 主观评价指标值预处理

本次调查主要是采用5分制总加量表法，将主观答案设计为"非常满意、满意、一般、不满意、很不满意"5个层次，对这5个层次分别赋值。即"非

常满意"赋值 5 分，"满意"赋值 4 分，"一般"赋值 3 分，"不满意"赋值 2
分，"很不满意"赋值 1 分。其他主观评价指标的赋值秉持分值越大，指标趋
向越好的原则，具体赋值及变量的描述性特征如表 5 - 4 所示。

表 5 - 4　指标的设定与描述性统计

领域	变量指标	变量设定	极小值	极大值	众数	均值	标准差
经济状况	收入满意度	"非常满意"=5 分，"满意"=4 分，"一般"=3 分，"不满意"=2 分，"很不满意"=1 分	1	4	3	2.59	1.075
家庭生活状况	房屋质量满意度	"非常满意"=5 分，"满意"=4 分，"一般"=3 分，"不满意"=2 分，"很不满意"=1 分	2	5	4	3.92	0.713
	用电满意度		2	5	4	3.94	0.755
	通信和网络信号满意度		1	4	2	2.18	0.883
政治参与社会服务	政策满意度	"非常满意"=5 分，"满意"=4 分，"一般"=3 分，"不满意"=2 分，"很不满意"=1 分	2	5	4	3.51	0.805
	搬迁意愿	"十分愿意"=5 分，"愿意"=4 分，"勉强愿意"=3 分，"不愿意"=2 分，"十分不愿意"=1 分	2	4	4	3.22	0.828
	看病便利程度	"非常便利"=5 分，"比较便利"=4 分，"一般"=3 分，"不太便利"=2 分，"很不便利"=1 分	1	5	4	4.14	0.845
	邻里关系满意度	"非常满意"=5 分，"满意"=4 分，"一般"=3 分，"不满意"=2 分，"很不满意"=4 分	3	5	5	4.43	0.605
	闲暇活动满意度		3	5	4	3.96	0.486
	环境卫生满意度		3	5	5	4.49	0.641
	文化广场满意度		2	5	5	4.18	0.906
农业生产状况	灌溉便利程度	"非常便利"=5 分，"比较便利"=4 分，"一般"=3 分，"不太便利"=2 分，"很不便利"=1 分	1	5	2	2.16	1.2
	机械化便利程度		1	4	1	1.59	0.775
	农业设施满意度	"非常满意"=5 分，"满意"=4 分，"一般"=3 分，"不满意"=2 分，"很不满意"=4 分	0	5	0	1.98	1.706

2. 农村居民生活质量主观评价指标主成分分析

主成分分析是指设法将原来众多具有一定相关性的指标，重新组合成一组
新的互相无关的综合指标来代替原来的指标。根据农村居民生活主观质量评价
指标体系，将数据代入 SPSS17.0，采用主成分分析法对各个指标提取主成分，

将原来 14 个指标作线性组合，作为新的综合指标。指标 KMO 样本测度和 Bartlett 球体检验对要素相关性进行检验的结果如表 5-5 所示。

表 5-5　指标 KMO 和 Bartlett 的检验

项目		值
取样足够度的 KMO 度量		0.718
Bartlett 的球形度检验	近似卡方	417.455
	df	91.000
	$Sig.$	0.000

根据检验结果，KMO 值为 0.718，大于最低标准 0.5（Kaiser 给出的标准），适合做主成分分析。根据 Bartlett 的球形度检验，$Sig. = 0.000$，小于显著性水平 0.05，拒绝单位相关阵的原假设，也适合做主成分分析。

如表 5-6 所示，各主成分的特征值（反映解释能力大小，用方差大小表示）依次为 4.022、1.586、1.320、1.264、1.157、1.012，说明解释能力最大的是前 6 个。而且方差累计贡献率（也就是解释能力的贡献率）在累计前 6 个主成分的贡献之后就达到了 74.012%，因此选取前 6 个为公共因子。

表 5-6　解释的总方差

成分	初始特征值			提取平方和载入			旋转平方和载入		
	合计	方差 贡献率/%	累计 贡献率/%	合计	方差 贡献率/%	累计 贡献率/%	合计	方差 贡献率/%	累计 贡献率/%
1	4.022	28.730	28.730	4.022	28.730	28.730	2.906	20.757	20.757
2	1.586	11.326	40.056	1.586	11.326	40.056	1.623	11.592	32.349
3	1.320	9.429	49.485	1.320	9.429	49.485	1.618	11.558	43.906
4	1.264	9.028	58.513	1.264	9.028	58.513	1.570	11.216	55.122
5	1.157	8.268	66.781	1.157	8.268	66.781	1.324	9.458	64.580
6	1.012	7.231	74.012	1.012	7.231	74.012	1.320	9.432	74.012
7	0.780	5.569	79.581						
8	0.632	4.511	84.093						
9	0.554	3.958	88.051						
10	0.411	2.933	90.984						
11	0.391	2.794	93.778						
12	0.372	2.657	96.435						
13	0.261	1.865	98.299						
14	0.238	1.701	100.000						

如表 5-7 所示，由于旋转前的因子载荷矩阵中各类指标在各类因子上的解释不明显，为了更好地解释各项因子的意义，对成分矩阵进行旋转，得到旋转成分矩阵表。由旋转后因子载荷矩阵表可知，邻里关系满意度、环境卫生满意度、文化广场满意度、农业设施满意度在第 1 主成分上有较高载荷，说明第 1 主成分基本反映了这些指标的信息，因此成分 1 表示邻里关系和社会服务设施状况。灌溉便利程度、机械化便利程度在第 2 主成分上有较高载荷，说明第 2 主成分基本反映了农业生产状况的信息，因此成分 2 表示农业生产状况。房屋质量满意度、政策满意度、看病便利程度在第 3 主成分上有较高载荷，说明第 3 主成分基本反映了政策和基本保障的信息，因此成分 3 表示政策和基本保障状况。通信和网络信号满意度、用电满意度、闲暇活动满意度在第 4 主成分上有较高载荷，说明第 4 主成分基本反映了家庭生活状况的信息，因此成分 4 表示家庭生活状况。成分 5 表示搬迁意愿状况，成分 6 表示收入满意度状况。

表 5-7　旋转成分矩阵表

指标	成分					
	1	2	3	4	5	6
邻里关系满意度	0.797	−0.084	0.075	−0.006	0.122	0.088
环境卫生满意度	0.825	0.006	0.043	0.065	0.232	0.070
文化广场满意度	0.859	0.144	0.126	0.175	0.025	−0.048
农业设施满意度	0.653	0.279	0.199	0.176	−0.200	0.119
灌溉便利程度	−0.021	0.899	0.135	0.069	0.011	0.004
机械化便利程度	0.28	0.674	−0.414	0.01	0.196	0.093
房屋质量满意度	0.254	0.296	0.435	0.414	−0.258	0.331
政策满意度	0.266	0.252	0.609	−0.091	0.490	−0.084
看病便利程度	0.16	−0.116	0.837	0.171	0.000	0.007
通信和网络信号满意度	−0.081	−0.135	0.025	0.275	0.052	−0.851
用电满意度	0.392	0.195	0.318	0.507	0.264	−0.118
闲暇活动满意度	0.098	0.037	0.063	0.845	0.008	−0.093
搬迁意愿	0.113	0.054	0.016	0.088	0.847	0.064
收入满意度	0.067	−0.176	0.003	0.486	0.282	0.645

3. 农村居民主观生活质量综合指数测算

以每个主成分所对应的特征值占所提取主成分总的特征值之和的比例作为

权重，计算主成分综合模型。根据表5-6数据可得各成分权重。

第1个成分权重：$4.022 \times 100\% / (4.022 + 1.586 + 1.32 + 1.264 + 1.157 + 1.012) = 0.388\ 2$；

第2个成分权重：$1.586 \times 100\% / (4.022 + 1.586 + 1.32 + 1.264 + 1.157 + 1.012) = 0.153\ 1$；

第3个成分权重：$1.32 \times 100\% / (4.022 + 1.586 + 1.32 + 1.264 + 1.157 + 1.012) = 0.127\ 4$；

第4个成分权重：$1.264 \times 100\% / (4.022 + 1.586 + 1.32 + 1.264 + 1.157 + 1.012) = 0.122\ 0$；

第5个成分权重：$1.157 \times 100\% / (4.022 + 1.586 + 1.32 + 1.264 + 1.157 + 1.012) = 0.111\ 7$；

第6个成分权重：$1.012 \times 100\% / (4.022 + 1.586 + 1.32 + 1.264 + 1.157 + 1.012) = 0.097\ 7$。

农村居民主观生活质量综合指数为

$$F = \sum_{i=1}^{6} fac\_i \cdot 第i个主成分的解释能力 / 6个成分的总解释能力$$

$$(5-1)$$

其中，i表示选取的主成分，fac_i的值反映在 SPSS 的 Data View 里。计算结果如表5-8所示。

表5-8　农村居民主观生活质量综合主成分值

编号	fac_1	fac_2	fac_3	fac_4	fac_5	fac_6	综合指数
1	−1.247 35	0.969 34	0.780 00	0.172 05	0.690 69	0.440 97	−0.10
2	−1.376 34	2.356 02	−0.626 24	0.235 15	1.592 46	0.424 19	−0.01
3	−1.742 75	−0.371 78	−0.297 08	0.883 96	−0.619 8	0.570 75	−0.68
4	−1.443 60	−0.197 66	0.895 34	−0.406 62	−0.942 66	−0.549 99	−0.69
5	−1.662 09	0.789 77	0.725 51	0.158 16	1.152 38	0.384 71	−0.25
6	−0.319 60	−0.163 43	0.462 89	0.078 32	0.704 09	0.482 17	0.05
7	1.098 01	0.285 90	0.733 14	1.445 05	−1.366 84	0.884 16	0.67
⋮	⋮	⋮	⋮	⋮	⋮	⋮	⋮
100	1.053 31	−0.057 42	−0.264 64	1.705 2	0.113 81	−2.434 02	0.35
101	1.313 37	0.196 61	0.924 42	−0.810 81	−0.228 69	−2.076 44	0.33
102	0.354 88	−1.643 72	0.536 11	1.754 96	2.288 17	−1.604 90	0.27

农村居民主观生活质量综合指数中，最小值为-1.11，最大值为0.87，

标准差为 0.477。由图 5 - 6 可知，0～0.5 频率较高，人数较多，可见农村居民对生活质量的主观评价较高。

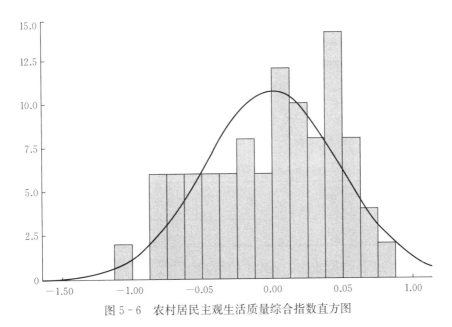

图 5 - 6　农村居民主观生活质量综合指数直方图

（二）影响农村居民生活质量的因素分析

1. 多元线性回归模型及假设

回归分析用于分析事物之间的统计关系，侧重考察变量之间的数量变化规律，并通过回归方程的形式描述和反映这种关系，准确把握变量受一个或多个变量影响的程度，进而为预测提供科学依据。

多元线性回归模型为

$$Y = \beta_0 + \beta_1 X_1 + \beta_2 X_2 + \cdots + \beta_k X_k + \mu \qquad (5 - 2)$$

该回归模型是一个 k 元线性回归模型，其中有 k 个解释变量。该模型表示，被解释变量 Y 的变化可以由两部分解释：第一部分，由 k 个解释变量的变化引起的 Y 的变化部分；第二部分，由其他随机因素引起的 Y 的变化部分，即 μ。β_0 为模型中的回归常数，β_k 为模型中的偏回归系数，μ 为随机误差。

多元回归模型的假设：解释变量之间不存在多重共线性，即各解释变量的样本观测值之间线性无关，$rank(\boldsymbol{X}) = k + 1 \leqslant n$。

解释变量的样本观测值矩阵 $\boldsymbol{X}$ 的秩为参数个数 $k + 1$，从而保证参数 β_0、β_1、β_2，…，β_k 的估计值唯一。

2. 多元回归模型构建与显著性检验

由于回归分析是分析一个事物如何随其他事物的变化而变化，因此回归分析的第一步就是要确定解释变量（自变量）和被解释变量（因变量），从而建立被解释变量与解释变量的回归方程，并在给定自变量的条件下，通过回归方程预测因变量的变化值。农村居民客观生活质量主要是研究生活质量综合指数与客观指标之间的变化关系，因此，被解释变量为农村居民生活质量综合指数，解释变量为年人均收入、工作时间、务工收入、人均居住面积、房屋装饰支出、人均生活用电量、人均食物支出、看病支出、教育支出和新型农村合作医疗报销比例 12 个指标。

由于自变量单位及度量存在较大差异，故数据需作标准化处理，即（数据一均值）/标准差。将收集到的样本数据输入 SPSS 中，采用多元线性回归分析确定回归模型。具体结果如表 5-9 所示。

表 5-9　模型汇总

模型	R	R^2	调整 R^2	标准估计的误差
1	0.718	0.516	0.512	0.401

调整的 R^2 是检验多元线性回归方程拟合优度的统计量，该模型调整后的 R^2 是 0.512，认为拟合效果尚可，被解释变量可以被模型解释的部分较多，不能被解释的部分较少。

由表 5-10 可知，在对回归模型显著性检验中，F 统计量观测值为 4.480，对应的显著性水平 $Sig.$（即概率 P 值）为 0.000，假设的显著性水平为 0.05，故拒绝回归方程显著性检验的原假设，认为各回归系数不同时为 0，被解释变量与解释变量之间的线性关系是显著的，可建立线性模型。

表 5-10　回归模型显著性检验结果

项目	平方和	df	均方	F	$Sig.$
回归	8.652	12	0.721	4.480	0.000
残差	14.324	89	0.161		
总计	22.976	101			

由表 5-11 可知，年人均收入、务工收入、人均居住面积、人均生活用电量、人均食物支出、人均耕地面积以及主要地块距离的系数 $Sig.$ 值均小于 0.05，说明这 7 个因素显著影响生活质量指数。从标准系数可以看出人均收入、务工收入、人均居住面积、人均食物支出、人均耕地面积对生活质量指数产生显著正向的影响，而人均生活用电量、主要地块距离对生活质量指数产生显著的负向影响。

表 5-11　系数估计结果

自变量	非标准化系数		标准系数	t	Sig.
	B	标准误差	试用版		
（常量）	-3.490	0.610		-5.725	0.000
年人均收入	0.033	0.117	0.426	4.285	0.000
务工收入	-5.976	0.000	0.311	-2.115	0.037
人均居住面积	-0.001	0.005	0.032	4.838	0.000
人均生活用电量	-0.001	0.003	-0.070	-2.344	0.020
人均食物支出	3.340	0.000	0.042	4.799	0.000
人均耕地面积	0.273	0.174	0.140	-4.348	0.000
主要地块距离	0.021	0.037	-0.050	5.562	0.000

由于各因素单位及度量存在较大差异，故选用标准系数，由多元线性回归分析结果可得：$Y = 0.426 \times$ 年人均收入 $+ 0.311 \times$ 务工收入 $+ 0.032 \times$ 人均居住面积 $- 0.07 \times$ 人均生活用电量 $+ 0.042 \times$ 人均食物支出 $+ 0.140 \times$ 人均耕地面积 $- 0.05 \times$ 主要地块距离。

生活质量提升的重要评价标准是收入水平的提高。依据马斯洛需求层次理论，收入越高，食物支出相对减少，即恩格尔系数越小，农村居民生活越富足，对满足基本生理需求的欲望越低，从而会追求更高的满足感和需求，因此收入水平直接决定生活质量评价满意度，并对综合指数产生最大最直接的影响。搬迁后农村居民居住环境得到很大程度改善，无疑会增加对生活环境的整体满意度，当其他条件相同时，人均居住面积越大，用于生活的空间就会越宽敞，对生活质量的评价也越高。另外，当用电量超过农村居民所能承受的水平后，每增加一度用电量，可降低 7% 的生活质量综合指数，因此当用电量在农村居民可接受范围内，用电量增加是生活质量提高的主要表现，但当用电量达到较高水平时，无疑会增加农户负担，对生活质量满意度评价产生负向作用。农业生产是农村居民收入的主要来源，种植距离远近会对农户生产积极性产生较大影响，间接影响生活质量满意度评价，因此地块距离越远，从事农业生产越困难，农业收入无法保障，进而农户对生活质量的评价越低。

农村居民生活质量综合评价是从主观指标和客观指标两方面进行的，通过对生活质量主观评价指标的分析可知，当前农村居民对生活质量较为满意。对农村居民生活质量评价影响较大的因素及其作用方向是：年人均收入和务工收入起正向作用，人均生活用电量与主要地块距离起负向作用。

四、易地搬迁后楼房村村民生活存在的问题

农村居民生活质量主要受收入水平、居住面积、生活用电量、食物支出及农业生产状况等方面影响，而收入减少、支出增加、农业生产效益低是农村居民搬迁后遇到的主要问题，也是提升农村居民生活质量亟待解决的重要问题。

（一）收入渠道减少，担忧后续发展

由表5-12可知，在农户收入水平上，农户家庭收入普遍偏低，其中，66.7%农户年人均纯收入大于或等于3 000元且小于4 000元，略超国家脱贫标准线（2 300元），有27.5%的农户在不种地不养殖后年人均纯收入大于或等于2 000元且小于3 000元，只能维持基本生计，有6户农户年人均纯收入大于或等于4 000元且小于5 000元，占比只有5.9%，因此经济问题是限制农户自我发展的关键因素。搬迁后生活环境发生了很大变化，生活质量水平会随之提高，但后续产业发展问题不能尽快解决，因此多数农户对未来产业的持续性比较担忧。

搬迁后农户收入没有增加反而降低，主要是因为收入渠道减少，体现在耕地种植规模减小甚至荒废，养殖无法进行，特别是房前屋后的农业经营收益消失等方面。在经济来源上，种植养殖受限，没有收入增长渠道，而未来农户发展还主要依靠农户个人。村委会正在谋划可发展的产业和增加农民收入的渠道，这需要一定的时间才能见效。在支出上，电费、食物等生活消费支出增加，导致农户家庭收入相对降低。如表5-13所示，在对当前区域经济发展水平的评价上，有45.1%的农户认为当地经济发展水平一般，1/3农户对当地经济发展还比较满意，有14位农户表示对当地经济发展很满意，此外有6户农户对经济发展不满意，2户极不满意当前的经济发展状况。经济问题是农民搬迁遇到的首要问题，为农户开源节流是政策实施的关键问题，也是稳固搬迁成果、提高农民生活水平的核心内容。

<table>
<tr><td colspan="3">表5-12　农户家庭年人均纯收入</td></tr>
<tr><td>收入</td><td>户数/户</td><td>比例/%</td></tr>
<tr><td>3 000～<4 000元</td><td>68</td><td>66.7</td></tr>
<tr><td>2 000～<3 000元</td><td>28</td><td>27.5</td></tr>
<tr><td>4 000～<5 000元</td><td>6</td><td>5.9</td></tr>
<tr><td>合计</td><td>102</td><td>100.0</td></tr>
</table>

表5-13　农户对当地经济发展评价		
评价	户数/户	比例/%
一般	46	45.1
比较满意	34	33.3
很满意	14	13.7
不满意	6	5.9
极不满意	2	2.0
合计	102	100.0

（二）生活支出增加，农户负担加重

消费支出增加主要体现在：购买家具家电、食物支出增加、电费增加。食

物由原来的主要自给自足、少部分购买变成主要购买，做饭由烧柴变成使用天然气和电等。

农户迁入新房后，原有的生产生活模式打破，耕地距离较远，且产量不高，再加上由于没有合适区域，养殖也不得不放弃。据调查发现，农户搬入新房后，生活开支增加，主要如下。

（1）为新房置办家具家电。虽然搬迁农户为使开支最小化，继续使用原有部分家电，但仍有45.1%的农户为家电家具支出不足5 000元，有25.5%的农户支出大于或等于1万元且小于2万元（表5-14）。

（2）食物支出增加。农户无法在房前屋后种菜，导致部分食材需要购买，原有菜园地较远且收成较少，所以有近1/3的农户每月食物支出大于或等于300元且小于500元，有29.4%的农户每月食物支出不足300元（表5-15）。同时，在食物购买上，有14户（占比27.5%）农户食物主要靠购买，有8户（占比7.8%）农户食物全部依靠购买，有8户（占比7.8%）农户食物来源是自给自足，其余58户（占比56.9%）食物来源以自给自足为主，外加小部分购买。

表5-14　农户购买家电家具支出		
支出	户数/户	比例/%
＜5 000元	46	45.1
5 000～＜10 000元	18	17.6
10 000～＜20 000元	26	25.5
20 000～＜50 000元	12	11.8
合计	102	100.0

表5-15　农户每月食物支出		
支出	户数/户	比例/%
＜300元	30	29.4
300～＜500元	34	33.3
500～＜800元	24	23.5
800～＜1 200元	10	9.8
≥1 200元	4	3.9
合计	102	100.0

（3）电费大幅增加。搬迁农户平均每户每月电费大于或等于200元且小于300元，即使节约用电，每月电费支出至少100元且不足200元，这对农民来说都是一笔不小的开支。实地调研发现，原来农户每户电费支出在50元左右（户均2～3人），家庭人口较多的每户电费支出大于或等于70元且不足100元（户均4人以上），而搬迁后，电价为0.52元/千瓦时。如表5-16所示，一半以上的农户电费支出在200元以上，农户用电成本增加，影响到农村居民生活质量满意度评价。电费较高的原因是农户用电情况较搬迁前增多，如做饭烧水由原来的烧柴变成用电、家庭照明用电更多、其他家用电器增多等。

（4）在调研区域中，近75%的农户家里都安装了无线路由器，网络的快速发展及农户的网络需求，加快网络的全面覆盖，与此同时，宽带网络支出也在增加农户负担，每月宽带支出大于或等于100元且不足200元的占到31.4%，每月有38户家庭宽带支出大于或等于50元且小于100元（表5-17）。

此外，在农户闲暇活动方面，有 82 人闲暇活动是去邻居家串门聊天，有 78 人闲暇活动是看电视，其他休闲娱乐活动较少。

表 5 - 16　农户每月电费支出

支出	户数/户	占比/%
50～<100 元	6	5.9
100～<200 元	38	37.3
200～<300 元	44	43.1
≥300 元	14	13.7
合计	102	100.0

表 5 - 17　农户每月宽带支出

支出	户数/户	占比/%
<50 元	26	25.5
50～<100 元	38	37.3
100～<200 元	32	31.4
200～<300 元	6	5.9
合计	102	100.0

（三）农业设施不完善，农业生产收益低

农户多是从偏远山区的自然村搬来，搬来后，农户还要到原来的地里耕作。耕地距离变远，因此有近 1/3 的农户直接放弃耕种（表 5 - 18）。在仍继续自己耕种的农户中，有 48.4% 的农户选择种植核桃（树苗由县政府提供，农户自行管理，自我收益）（表 5 - 19）。由于核桃刚种植一年，还要有 3 年左右的生长管理期，短期内见不到效益，且农户缺乏核桃管理知识，再加上野猪和獾对核桃树的破坏，导致种植核桃的收益不能保障，因此农民的生产积极性不高。

表 5 - 18　农户搬迁后耕地距离占比

耕地距离/千米	户数/户	比例/%	累计占比/%
0.5	2	2.8	2.8
1.0	22	30.6	33.3
1.5	12	16.7	50.0
2.0	14	19.4	69.4
3.0	4	5.6	75.0
4.0	18	25.0	100.0
合计	72	100.0	

表 5 - 19　农户搬迁后耕地耕作方式与种植品种

耕作方式	户数/户	比例/%
自己种	62	60.8
其中：玉米	24	38.7
核桃	30	48.4
栗	6	9.7
树木	2	3.2
亲戚子女种	10	9.8
荒废	30	29.4

如表 5 - 20 所示，在机械化便利程度方面，有 50% 的农户认为农业机械化不太方便，36.1% 的农户机械化耕种非常不便，只有 4 户农户认为机械化耕作比较便利。在灌溉方面，61.1% 的耕地无法实现灌溉，气候因素和灌溉不便导致耕地产量低，农户收益有限，26 户农户主要采用河水灌溉和井灌（表 5 - 21）。在耕地道路方面，52.8% 的耕地没有道路，36.1% 的耕地道路为小土路，离主干道比较近的有 8 户，其生产用地道路为水泥路和生产便

道；在对农业设施满意度评价上，有 38.9％的农户对农业设施不满意，41.7％的农户认为农业设施配置很一般，有 14 户农户对农业设施持满意态度。

<table>
<tr><td colspan="3">表 5-20　农户搬迁后机械化便利程度</td><td colspan="3">表 5-21　农户搬迁后灌溉方式</td></tr>
<tr><td>便利程度</td><td>户数/户</td><td>比例/%</td><td>灌溉方式</td><td>户数/户</td><td>比例/%</td></tr>
<tr><td>比较便利</td><td>4</td><td>5.6</td><td>河水灌溉</td><td>14</td><td>19.4</td></tr>
<tr><td>不太方便</td><td>36</td><td>50.0</td><td>井灌</td><td>12</td><td>16.7</td></tr>
<tr><td>非常不便</td><td>26</td><td>36.1</td><td>水窖灌溉</td><td>2</td><td>2.8</td></tr>
<tr><td>一般</td><td>6</td><td>8.3</td><td>无灌溉</td><td>44</td><td>61.1</td></tr>
<tr><td>合计</td><td>72</td><td>100</td><td>合计</td><td>72</td><td>100.0</td></tr>
</table>

调查区域多为山区，种植是零散、粗放的，大型农机具无法进入农田，且耕地道路仍在逐渐硬化阶段，机械化程度很低。缺水也是限制当地农业生产发展的主要因素之一。当地正在开展小流域保护与治理，因此农户灌溉条件也在逐步改善。此外，农户搬迁后，生活条件虽然改善，但农业种植面临难题，耕地距离较远、农业设施不完善、动物破坏等都会影响农户种植意愿。

五、提高搬迁村村民生活质量的对策

针对农村居民搬迁后存在的收入减少、支出增加、农业生产效益低等问题，应探索多种增收模式，增加农户收入，并开展就业指导和培训，同时完善农业生产设施和耕地质量，从而全面提高搬迁后农村居民生活质量，使搬迁农户搬得出、稳得住、可发展、能致富。

（一）探索多种增收模式，增加搬迁农户收入

搬迁后续产业发展在项目实施过程中尤为重要，积极探索多种增收模式，拓宽农户收入，是稳定搬迁成果的根本措施。

1. 在条件合适的地方发展光伏产业

可在闲置的荒山空闲地引入光伏发电项目，增加村集体收入，同时也避免资源的闲置和浪费。也可以在农业大棚上安装太阳能板，既满足大棚用电需求，还将剩余的电量卖给国家电网，赚取收益。光伏作为清洁能源，利用光热互补原理，可在路灯、阳台、屋顶等安装太阳能板，用太阳能发电做饭照明，减少家庭用电支出。

2. 重点培育新型农业经营主体，发挥示范带动作用

鼓励农业合作社、专业大户等新型农业主体规模化经营，参与农产品基地建设，创建品牌，引进先进管理措施和技术设备，开展农产品深加工，增加产品附加值，延长产业链条。加强农业科技服务体系建设及农业科技推广制度，

根据市场需求，适时调整种植养殖理念，增强自身竞争力。例如，可以建设食用菌基地，扩大种植规模，引进优良种苗，科学培育管理，在种植的基础上开展对食用菌的初加工和深加工。在网上销售，创立自身品牌标识，将农户吸引到基地打工，从事种植管理、简单加工、分拣包装、运输物流等工作，从而拓宽增收渠道。

3. 创新"政府＋公司＋金融机构＋合作社＋农户"模式，开展资产收益扶贫项目

农户可以将复垦的耕地等流转到村集体，再由村集体转包给其他农户或者合作组织，也可以将土地林地承包经营权、大型农机具、宅基地使用权等流转给农村合作社等新型农业经营主体。农民以土地入股合作社赚取租金收益，一方面，实现了合作社规模效应，减少资源重复投入，提高资源利用效率；另一方面，为农户带来稳定收益。还可将闲置的资金入股合作社，参与合作社日常经营，成为合作社股东，赚取股金。此外，合作社经营范围广、规模大，所需劳动力多，农户可在简单培训后进入合作社打工，赚取薪金，从而增加搬迁户财产性收入和经营性收入。

4. 通过"互联网＋"形式，利用电商销售本地农产品

完善商贸物流、邮政、供销等物流服务设施，将互联网引入农民的日常生活中，用科技指导种植养殖、经营、管理、服务等。例如，建立电商服务网点，将自家生产的农产品、特色小吃、手工艺品等利用网络卖到顾客手中，既减少中间商环节，还能保证产品安全质量，方便顾客追溯。此外还要学习电商知识、物流知识、网站管理等内容，确保服务质量。

（二）开展就业指导与培训，扩宽农户就业途径

搬迁户多为纯农户或农业兼业户，搬迁后许多农户不再耕种土地，生活收入缩减，要维持农户生计就必须提高农户自身"造血"能力。

1. 原有建设用地复垦为耕地由村委会转包给农户

对于有意向继续种地的农户，可以为其提供土壤肥沃、设施齐全、距离较近的耕地。鼓励有能力的种植户开展规模化种植，引导农户购买国家贴息的农机具，提高土地产出率和劳动效率，从而取得种植收入。对于无人耕作的土地，村委会可发展规模化果林园林，聘用当地劳动力，对种植技术进行专门培训，使农户熟练掌握果树各生长阶段需要的管护措施，或者将闲置耕地转包给合作社或农业企业，由合作社统一管理，村集体收取相应土地租金。对于偏远、耕作条件恶劣的耕地，可退耕还林还草，保护生态环境。

2. 聘请农业专家、技术能人为农户讲解技术，向农户传授科技知识

向政府组织或合作院校提出培训申请，根据农户需求寻求相关技术专家进村入户指导，了解从选种育苗到成熟各阶段需要注意的事项。重视技术信息的推广，将科技引入农民的种植养殖中，减少盲目性和不科学性。促进农业生产的专业化、规模化、科学化、市场化发展，有效规避市场风险。同时加强全程质量监管，既保证产品质量安全，也减少环境污染。对于有需求但又不在家的农户，可将授课录制成视频，转发给各农户。以市场需求为导向，开展特色种植、林下养殖、设施大棚、休闲农业等新业态，扩展农业功能，增加农民收入。

3. 融合发展一二三产业

不仅要创新原始农业耕种形式，还要延长产业链条，在安置区内引入农业加工企业，提高农产品转化率，为当地劳动力提供就业岗位，增加当地财政和农户收入。建设农业园区和农业企业，挖掘地方资源优势，起到示范带动作用，将农户手中闲置资金、耕地、劳动力等入股农业企业，成为"三薪"农民。同时引导农村劳动力从事农产品网络销售、农家乐、家政服务、物流配送等二三产业，选择一批贫困人口参与生态修复与保护，积极开发护林员、山林防火员等就业岗位。此外，加大农民工返乡创业支持力度，提供信息咨询、贷款贴息等服务，树立农业企业家典范，带动更多农户脱贫致富。

（三）完善基础设施建设，配套公共服务设施

1. 切实做好安置区基础设施建设任务

要保障农户生产生活基础设施的完善，道路既要满足生产生活需要，也要规划合理，社区道路硬化，排水措施完善，绿化要达标。生活用水既要方便安全，又要保证供水不间断，合理确定阶梯水价，使农户能用得起，同时避免大肆浪费现象的出现。可利用太阳能建设分布式或集中式光伏发电设备，使用清洁能源，减少煤炭等不可再生能源的耗费，既可以保护生态环境、节约资源，还能减少农户电费支出。天然气是农户搬入安置区必须选择的清洁燃料，由于生活习惯问题，农民很少使用天然气，因此要在搬迁前就为农户讲解天然气正确使用方法，在学会的基础上还要保证使用安全，并告诉农户计费方法，促进其安全、有效、节约地使用天然气，尽量避免烧柴烧炭。安置区实现网络全覆盖，保证 4G 信号稳定，宽带网络入户，辅助工业和信息化局完成网络建设任务，增加农户入网率，保证宽带网络快速安全。此外，完善垃圾、污水处理等设施。

2. 加强公共服务设施建设

（1）要实现"幼有所育"。在安置区建立规范经营的幼儿园，聘请专业幼教老师，配套幼教设施设备，确保学前教育毛入园率达到100％，同时，加强对幼儿园监管，实现幼儿健康快乐成长。

（2）要实现"学有所教"。规划建设中小学校，满足当地中小学生教育需

求，加强师资队伍建设，提高教学质量，全面普及九年制义务教育，让每个孩子都能享受更好的教育，此外，还可以创办夜校等继续教育措施，向有教育需求但自身条件不够的农户提供继续教育机会，提高劳动力质量。

（3）要实现"病有所医"。完善医疗公共服务设施，每个村配置卫生室，定期向农民宣传医疗救助常识、老年病救治方法、地方病防治等知识，为年龄大的农户免费体检，鼓励当地学医人员返乡，培养医学人才，减少农民因病致贫返贫现象的出现。

（4）要实现"老有所养"。完善养老保险制度，确保每个人都入保，适龄人口每个月都能取得养老金。同时要建设养老院，为孤寡老人提供供养措施，真正实现老有所养。

（5）要实现"弱有所扶"。建立社会救助保障制度，提高医疗保障水平，建立医疗救助、临时救助及慈善救助等机制，减少因不可预测变故返贫的情况出现。

（6）在安置区建设商业网点、农贸市场、超市上网等公共服务设施，从而全方位提升农户生活条件。

（四）提高复垦耕地质量，完善农业生产设施建设

耕地质量不下降是开展城乡建设用地增减挂钩项目主要目标，必须保证耕地数量有增加、耕地质量不下降。对原有居民点进行土地整理，对荒废地与适宜耕作的土地复垦开发，复垦完的耕地优先补充耕地资源。由于农户住房多为石木结构，因此要先将石木集中处理，平整地块，将建设用地剥离出来的耕作层施用到需复垦的耕地上，同时将农家肥施用到耕地上，保证耕地质量。对不适宜复垦为耕地的，可对拆旧区进行生态恢复，实行退耕还林还草，改善当地生态环境。耕作基础设施（道路、灌溉、用电、林网等）要完善。选择对土地肥力耗费小的农作物，3～5年使复垦的耕地质量达到周边地区耕地的同等水平，必须保证占优补优，高标准开发复垦。在农业生产设施建设方面，生产便道要满足农民耕作需要，方便农机具进出。种植养殖用水也要有保障，可兴建小型储水设备加强水资源利用，设计规划时就要考虑到这些问题，既满足农户生活安全用水，也要满足农户灌溉和养殖需求。

第三节　移民搬迁工作绩效评价

开展移民搬迁绩效评价工作是保障相关扶持政策得到更好贯彻落实、为国家移民工作部门提供科学决策、促进该地社会经济稳定发展的重要手段。为了对移民搬迁的扶持效果作出科学的评价，必然要建立一套系统、科学、完整的指标体系。指标体系是由内部存在一定关联的，可以评价、衡量和考核被评价

对象情况的系列指标组成的系统。通常采用一定的数理方法，对采集的相关指标进行定量或定性评价，从而得出被评价事项整体情况。在绩效评价指标体系构建时既要考虑利益相关者对项目的满意度、参与的积极性和主动性，也要考虑政府部门在整个项目实施过程的作用发挥、服务意识与责任担当。

一、移民搬迁绩效评价指标体系的构建

(一) 项目绩效评价结构维度

评价指标的确定应当围绕当地政府、社会和居民对移民搬迁工作中最关心的问题展开。所以，可根据相关文本资料确定移民搬迁的核心问题，然后再确定评价指标体系。对燕山-太行山片区涉及易地扶贫搬迁研究的相关文本资料进行分析，包含三个步骤：①整理资料，逐句贴标签，归纳概念，然后再范畴化（即重新组合概念）；②在开放式编码的基础上，更好地发展主范畴，即通过聚类分析进一步发现和建立概念、范畴之间的各种联系；③提炼核心范畴，重新联系各个独立的范畴并验证其间的关系，并补充完整概念化尚未发展完备的范畴。具体操作流程如图 5-7 所示。

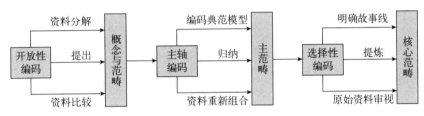

图 5-7　指标确定操作流程

文本资料的选取依据主要有以下几点：①选取的案例地区在易地扶贫搬迁项目实施上取得了良好的效果，工作经验可以为其他地区所借鉴，即要选取有代表性的地区作为案例；②选取的地区应是我国北方脱贫工作的重点区域以及易地扶贫搬迁项目集中实施的地区；③案例地区有关易地扶贫搬迁项目的数据具有可获取性。基于以上三点选取依据，本书的案例地区将围绕燕山-太行山片区进行选择。燕山-太行山片区作为我国北方具有代表性的贫困地区，不仅满足前两点要求，同时贫困面积巨大，涵盖三个省份。本书选取的重点参考案例地区为内蒙古武川县、河北省内丘县以及山西省吕梁市，并结合各省份其他报道资料共同进行筛选及分析工作。

首先，将文本资料分解，对资料进行逐句分析，不断比较其间的异同，为每个原始语句贴上概念标签，再对概念进行提炼合并，进一步抽象化，完成资料的概念化、范畴化。然后，在此基础上发现和建立各范畴间的联系，通过反复比较分析将类似范畴进一步提炼整合在一起的复杂过程，将不同类

属的范畴关联起来进行聚类分析，归纳形成 5 个主范畴，各主范畴的关系内涵及对应的开放式编码范畴如表 5-22 所示。各主范畴含义如下：搬迁程序合理是指政府在组织实施搬迁中尊重移民意愿、科学合理推进搬迁等工作情况；经济基础是指移民的搬迁负担及搬迁后家庭收入、增收渠道、资产收益等情况；公共服务设施是指移民搬迁后的基础设施、医疗、教育、交通等改善状况；后续扶持是指搬迁后移民就业情况及迁入地产业发展状况；文化心理是指搬迁后移民的社会网络规模、移民的认可度及移民脱贫致富的心理状态。

表 5-22　主轴编码分析

编号	主范畴	对应范畴	关系内涵
1	搬迁程序合理	宣传动员与服务 尊重移民意愿 科学选址 推进效率	搬迁程序是否合理主要通过宣传、意愿、选址以及工作推进四个方面来体现，这些工作是项目取得良好成果的基础条件，因此搬迁程序合理具有重要意义
2	公共服务设施	居住条件 教育条件 医疗条件 社区管理与服务 基础设施配套 交通便捷	开展易地扶贫搬迁项目，不仅要帮助搬迁户进行搬迁，同时还要注重搬迁后公共服务设施的建设，这关乎搬迁户迁入新区后的居住、教育、医疗等各个方面。因此，将公共服务设施作为一项重要指标
3	经济基础	搬迁负担 家庭年人均收入 增收渠道 资产收益	开展易地扶贫搬迁项目，主要目的就是帮助当地贫困人口改善生活、脱贫致富，因此经济基础也是一项重要指标。要做好这一部分工作，首先要做好搬迁户增加收入以及拓宽增收渠道等各项工作
4	文化心理	移民认可度 社会交往 心理状态	文化心理主要反映搬迁户对项目是否认可、搬迁后社会交际网络的建设情况以及是否改变了之前依靠政府的思想
5	后续扶持	就业指导与帮扶 就业机会 创业扶持 产业支撑	易地扶贫搬迁项目不仅要完成移民的搬迁，同时还要注重搬迁户迁入新居住地后的生计问题，做好后续的扶持，才能真正使项目起到帮助搬迁户脱贫致富的作用

在形成主范畴及对应范畴的基础上，进一步提炼核心范畴，分析核心范畴与其他范畴之间的逻辑关系，对整个现象进行描绘。通过对原始文本资料、初始概念和范畴进行系统性分析发现，5 个主范畴都是围绕易地扶贫搬迁绩效展开，为此，本书以易地扶贫搬迁绩效评价结构维度为核心范畴。

易地扶贫搬迁项目的合理性是推动项目在当地开展的一个重要基础，只有相应的程序合理化才能保证项目有条不紊地开展起来。在项目开展前，当地应该收集目标搬迁人群的意见，根据意见调整方案，同时要做好宣传，使目标搬迁人群充分理解有关的政策，对他们的疑问点及时进行解答。对于迁入地的选择，要根据当地的实际情况，合理选址，保证搬迁户迁入后的生计可持续化。政府要严格执行政策的规定并准时足额地发放对搬迁户的补助，做好相关工作。

公共服务设施是易地扶贫搬迁项目绩效评价重点关注的部分。我国目前扶贫工作不仅要帮助贫困人口实现经济上的增收，同时还要关注贫困人口的生活、后续发展能力等多方面的情况。对于搬迁人群来说，迁入一个教育、医疗等各方面条件良好的地区，对他们未来生活的改善会有很大的帮助。易地扶贫搬迁项目不仅仅是给搬迁人群更换居住地，更重要的是帮助他们改善生活条件。良好的居住环境、完善的教育以及医疗体系，是他们生活改善的体现，也是公民平等享受公共服务的体现。

易地扶贫搬迁项目绩效评价的核心内容就是经济基础部分。物质上的贫困是反贫困理论的首要内容，也就是所谓的"收入贫困"。这也是收入分配方面的核心内容，解决该问题就需要运用各种方法来增加贫困人口的经济收入。易地扶贫搬迁项目所涉及的搬迁人群是我国扶贫工作重点关注的人群。更换居住地只是手段，帮助他们脱贫才是项目开展的核心。经济基础环节的工作对搬迁户能否顺利脱贫起着至关重要的作用，经济基础工作做得好，脱贫目标易达成，反之则不易达成。如果脱贫目标没有很好地达成，将会使搬迁户对政策以及政府产生怀疑，同时担心自身未来的发展。

易地扶贫搬迁项目绩效评价的重要内容就是文化心理和后续扶持这两部分。能力贫困是反贫困理论中的一种，它是指某个家庭或者个人在一段时间内存在健康和收入两方面的风险，同时无法维持最低的生活水平。搬迁户迁入新居住地后，由于居住地、环境、自身角色等方面的变化，会有不适应的情况出现，为保证搬迁户生计的可持续性，就需要做好后续扶持的相关工作，合理规划，防止搬迁成为形式。和能力贫困一样，心理贫困也是反贫困理论中的一种，它是指贫困主体在自己设定的情境中困顿并且难以自拔，从而阻碍自身的发展。贫困问题的根源就是文化贫困。搬迁人群自身的态度和心理认知能力是非常重要的，必须帮助他们树立起提升自我、脱贫致富的思想，而不是单纯地依靠政府。搬迁户自身的心理状态主要受他们对于搬迁的认可度的影响。迁入新居住地后，搬迁户的社会关系网需要一个重新构建的过程，搬迁户在新居住地的日常社交是反映他们是否很好地度过这一时期的重要标志，平稳过渡有利于他们摆脱贫困。

（二）项目绩效评价指标的确定

通过上述的概念和范畴集合研究，构建了易地扶贫搬迁绩效评价指标体系，其框架主要分为 3 个层次：①目标层是易地扶贫搬迁绩效评价；②准则层包括 5 个维度，即搬迁程序合理、经济基础、公共服务设施、文化心理和后续扶持；③操作层主要是依据扎根理论形成的 21 个范畴（表 5-23）。

表 5-23 易地扶贫搬迁绩效评价指标体系

准则层	操作层
搬迁程序合理 A_1	尊重移民意愿 A_{11}
	科学选址 A_{12}
	宣传动员与服务 A_{13}
	推进效率 A_{14}
公共服务设施 A_2	居住条件 A_{21}
	教育条件 A_{22}
	医疗条件 A_{23}
	基础设施配套 A_{24}
	社区管理与服务 A_{25}
	交通便捷 A_{26}
经济基础 A_3	增收渠道 A_{31}
	资产收益 A_{32}
	搬迁负担 A_{33}
	家庭年人均收入 A_{34}
文化心理 A_4	心理状态 A_{41}
	社会交往 A_{42}
	移民认可度 A_{43}
后续扶持 A_5	产业支撑 A_{51}
	创业扶持 A_{52}
	就业机会 A_{53}
	就业指导与帮扶 A_{54}

（三）评价指标权重的确定

对于各项指标权重数值的计算，本书主要采用层次分析法。该方法的第一步是确定具有目标、准则、操作 3 个层次的模型。然后邀请相关专家针对各项指标的含义展开讨论并对处在同一层次的各项指标进行相互比较，建立多个比较矩阵，进而得出哪项指标更为重要。根据对 10 位专家打分结果的统计，选取专家们针对每个层面的指标打分的众数作为该层面指标的重要程度的体现，进而组成一个判断矩阵，这一过程主要采用九级标度法。最终，需要计算得出权重向量的具体数值并对结果做一致性检验。具体实施方法如下。

第一步：计算出 λ_{max} 和 W_i 两者的具体数值，两个数值分别代表各个判断矩阵的特征值中的最大值以及所对应的权重向量值，得出两者的具体数值后还要对其进行归一化处理。计算这两个数值主要依据 $AW=\lambda_{max}W$ 这一公式。

第二步：对各个判断矩阵以及它们所产生的权重向量数值进行合理性的检验。该检验主要依据 $CR=\dfrac{CI}{RI}$ 这一公式，其中，CI 由 $\dfrac{\lambda_{max}-n}{n-1}$ 计算所得，为一致性的指标值，RI 则代表随机情况下一致性指标的平均值，具体的取值见表 5-24。进而对各个判断矩阵是否具有一致性的检验结果为，各个矩阵对应的 CR 数值都是小于 0.1 的，这就表明各个判断矩阵是具有一致性的。最终得出各项指标所对应的权重数值，具体见表 5-25。

表 5-24　平均随机一致性指标 RI 对应数值

项目	1	2	3	4	5	6
RI	0.00	0.00	0.52	0.89	1.12	1.26

表 5-25　易地扶贫搬迁绩效评价指标体系权重

准则层	权重	操作层	同级权重	全局权重
搬迁程序合理 A_1	0.253 8	尊重移民意愿 A_{11}	0.429 1	0.108 9
		科学选址 A_{12}	0.344 8	0.087 5
		宣传动员及服务 A_{13}	0.105 9	0.026 9
		推进效率 A_{14}	0.120 3	0.030 5
公共服务设施 A_2	0.215 8	居住条件 A_{21}	0.277 2	0.059 8
		教育条件 A_{22}	0.250 1	0.054
		医疗条件 A_{23}	0.173 4	0.037 4
		基础设施配套 A_{24}	0.140 1	0.030 2
		社区管理服务 A_{25}	0.048 8	0.010 5
		交通便捷 A_{26}	0.110 4	0.023 8
经济基础 A_3	0.374 5	增收渠道 A_{31}	0.499 5	0.187 1
		资产收益 A_{32}	0.065 5	0.024 5
		搬迁负担 A_{33}	0.146 5	0.054 9
		家庭年人均收入 A_{34}	0.288 4	0.108 0
文化心理 A_4	0.058 7	心理状态 A_{41}	0.169 2	0.009 9
		社会交往 A_{42}	0.443 4	0.026 0
		移民认可度 A_{43}	0.387 4	0.022 7

（续）

准则层	权重	操作层	同级权重	全局权重
后续扶持 A_5	0.097 2	产业支撑 A_{51}	0.124 3	0.012 1
		创业扶持 A_{52}	0.304 5	0.029 6
		就业机会 A_{53}	0.362 1	0.035 2
		就业指导与帮扶 A_{54}	0.209 1	0.020 3

二、移民搬迁工作的绩效测算

（一）绩效模糊综合评价模型

1. 确立评价因素集及评语等级

从准则以及操作两个层面得到评价因素集，$A = \{A_1, A_2, A_3, A_4, A_5\}$ 是本书对准则层评价因素集的设定，$A_1 = \{A_{11}, A_{12}, A_{13}, A_{14}\}$、$A_2 = \{A_{21}, A_{22}, A_{23}, A_{24}, A_{25}, A_{26}\}$、$A_3 = \{A_{31}, A_{32}, A_{33}, A_{34}\}$、$A_4 = \{A_{41}, A_{42}, A_{43}\}$、$A_5 = \{A_{51}, A_{52}, A_{53}, A_{54}\}$ 则是本书针对操作层评价因素集的设定。本书对评价级别用 $V = \{V_1, V_2, \cdots, V_m\}$ 这一集合进行设定。评价级别分为非常不好、不好、一般、比较好、非常好五个级别，五个级别分别对应 V_5、V_4、V_3、V_2、V_1，五个级别分别对应的分值是 1、2、3、4、5 分。各个指标要根据它们所处的评价级别进行打分。

2. 确立权重集

权重的数值主要采用层次分析法进行计算。一级指标对应准则层，这一层指标权重主要体现它们对于易地扶贫搬迁这一目标层的影响，将这一级权重的集合设定为 $W = (W_1, W_2, W_3, W_4, W_5)$，$\sum_{i=1}^{5} W_i = 1$；同样，操作层指标权重则体现对目标层的影响，将这一级权重的集合设定为 $W_i = (W_{i1}, W_{i2}, W_{i3}, W_{i4}, W_{i5})$，$\sum_{j=1}^{m} W_{ij} = 1$，$(i = 1, 2, 3, 4, 5)$。

3. 建立单因素模糊关系矩阵 R

矩阵的建立首先要确定各评价级别各自对应的隶属度 r_{ij}，其次要求出矩阵 R 所包含的各个 R_i，即组成 R 的各个模糊评价的子集合。$R = (R_1, R_2, \cdots, R_m)^T = (r_{ij})_{mn} = \begin{bmatrix} r_{11} & r_{12} & \cdots & r_{1n} \\ \vdots & & & \vdots \\ r_{m1} & r_{m2} & \cdots & r_{mn} \end{bmatrix}$，隶属度 r_{ij} 是由众多指标的第 i 项的 j 项评价所对应的有效评价的数量 X_{ij} 除以调研所得有效信息的总数量 X 所得。

4. 模糊综合评价矩阵

综合评价矩阵的建立首先要计算出各项二级因素的集合所对应的综合评价值 M_i，M_i 是由 W_i 和 R_i 相乘所得，当 $\sum\limits_{i=1}^{n} M_i \neq 1$ 时，则需要利用 $\dfrac{M_i}{\sum\limits_{i=1}^{n} M_i}$ 进一步做归一化处理。计算完二级因素的集合对应的综合评价值后，还需要对一级因素的集合对应的综合评价值进行计算。最后得出评价模型：

$$M = W \cdot R = (w_1, w_2, \cdots, w_m) \cdot \begin{pmatrix} r_{11} & r_{12} & \cdots & r_{1n} \\ & \vdots & & \vdots \\ r_{m1} & r_{m2} & \cdots & r_{mn} \end{pmatrix} = (\overline{M}_1, \overline{M}_2, \cdots, \overline{M}_n)$$

$$(5-3)$$

5. 综合评价分值

综合评价分值的计算公式为

$$P = M \times V = (\overline{M}_1, \overline{M}_2, \cdots, \overline{M}_n) \cdot \begin{pmatrix} V_1 \\ V_2 \\ \vdots \\ V_n \end{pmatrix} \qquad (5-4)$$

其中，P 为易地扶贫搬迁项目绩效评价所对应的分值。

（二）模糊综合评价计算

1. 一级模糊综合评价

第一步：建立 5 项一级指标各自所对应模糊关系矩阵，从搬迁程序合理到后续扶持分别对应矩阵 R_1 至 R_5，各矩阵具体如下。

$$R_1 = \begin{pmatrix} 0.823\,5 & 0.156\,9 & 0.019\,6 & 0 & 0 \\ 0.098\,0 & 0.490\,2 & 0.284\,3 & 0.107\,8 & 0.019\,6 \\ 0.068\,6 & 0.411\,8 & 0.225\,5 & 0.186\,3 & 0.107\,8 \\ 0.303\,9 & 0.313\,7 & 0.245\,1 & 0.098\,0 & 0.039\,2 \end{pmatrix}$$

$$R_2 = \begin{pmatrix} 0.372\,5 & 0.352\,9 & 0.058\,8 & 0.117\,6 & 0.098\,0 \\ 0.137\,3 & 0.509\,8 & 0.039\,2 & 0.156\,9 & 0.156\,9 \\ 0.166\,7 & 0.529\,4 & 0.068\,6 & 0.117\,6 & 0.117\,6 \\ 0.147\,1 & 0.539\,2 & 0.176\,5 & 0.058\,8 & 0.078\,4 \\ 0.029\,4 & 0.196\,1 & 0.519\,6 & 0.245\,1 & 0.009\,8 \\ 0.058\,8 & 0.451\,0 & 0.245\,1 & 0.245\,1 & 0 \end{pmatrix}$$

$$R_3 = \begin{pmatrix} 0 & 0 & 0.068\,6 & 0.588\,2 & 0.343\,1 \\ 0 & 0 & 0.009\,8 & 0.568\,6 & 0.421\,6 \\ 0.009\,8 & 0.029\,4 & 0.049\,0 & 0.235\,3 & 0.676\,5 \\ 0 & 0.058\,8 & 0.666\,7 & 0.274\,5 & 0 \end{pmatrix}$$

$$\boldsymbol{R}_4 = \begin{pmatrix} 0.176\ 5 & 0.392\ 2 & 0.117\ 6 & 0.245\ 1 & 0.068\ 6 \\ 0.245\ 1 & 0.402\ 0 & 0.049\ 0 & 0.176\ 5 & 0.127\ 5 \\ 0.127\ 5 & 0.392\ 2 & 0.147\ 1 & 0.254\ 9 & 0.078\ 4 \end{pmatrix}$$

$$\boldsymbol{R}_5 = \begin{pmatrix} 0.009\ 8 & 0.186\ 3 & 0.656\ 9 & 0.137\ 3 & 0.009\ 8 \\ 0.009\ 8 & 0.088\ 2 & 0.627\ 5 & 0.254\ 9 & 0.019\ 6 \\ 0 & 0.117\ 6 & 0.421\ 6 & 0.431\ 4 & 0.029\ 4 \\ 0.029\ 4 & 0.156\ 9 & 0.647\ 1 & 0.156\ 9 & 0.009\ 8 \end{pmatrix}$$

第二步：在前文得出各项指标权重数值的基础上，得出 5 项一级指标各自所对应的二级指标相应的权重数值，具体如下。

$$\boldsymbol{W}_1 = (0.429\ 1,\ 0.344\ 8,\ 0.105\ 9,\ 0.120\ 3)$$

$$\boldsymbol{W}_2 = (0.277\ 2,\ 0.250\ 1,\ 0.173\ 4,\ 0.140\ 1,\ 0.048\ 8,\ 0.110\ 4)$$

$$\boldsymbol{W}_3 = (0.499\ 5,\ 0.065\ 5,\ 0.146\ 5,\ 0.288\ 4)$$

$$\boldsymbol{W}_4 = (0.169\ 2,\ 0.443\ 4,\ 0.387\ 4)$$

$$\boldsymbol{W}_5 = (0.124\ 3,\ 0.304\ 5,\ 0.362\ 1,\ 0.209\ 1)$$

在前两步的基础上，得出 5 个综合模糊评价集，具体如下。

$$\boldsymbol{M}_1 = \boldsymbol{W}_1 \cdot \boldsymbol{R}_1 = (0.431\ 0,\ 0.317\ 7,\ 0.159\ 8,\ 0.068\ 7,\ 0.022\ 9)$$

$$\boldsymbol{M}_2 = \boldsymbol{W}_2 \cdot \boldsymbol{R}_2 = (0.195\ 0,\ 0.452\ 0,\ 0.115\ 1,\ 0.139\ 5,\ 0.098\ 3)$$

$$\boldsymbol{M}_3 = \boldsymbol{W}_3 \cdot \boldsymbol{R}_3 = (0.001\ 4,\ 0.021\ 3,\ 0.234\ 4,\ 0.444\ 7,\ 0.298\ 1)$$

$$\boldsymbol{M}_4 = \boldsymbol{W}_4 \cdot \boldsymbol{R}_4 = (0.187\ 9,\ 0.396\ 5,\ 0.098\ 6,\ 0.218\ 5,\ 0.098\ 5)$$

$$\boldsymbol{M}_5 = \boldsymbol{W}_5 \cdot \boldsymbol{R}_5 = (0.010\ 3,\ 0.125\ 4,\ 0.560\ 7,\ 0.283\ 7,\ 0.019\ 9)$$

2. 二级模糊综合评价

由上文得到的 5 个综合模糊评价集组合得出模糊综合评价的关系矩阵，具体如下。

$$\boldsymbol{R} = \begin{matrix} \boldsymbol{M}_1 \\ \boldsymbol{M}_2 \\ \boldsymbol{M}_3 \\ \boldsymbol{M}_4 \\ \boldsymbol{M}_5 \end{matrix} \begin{pmatrix} 0.431\ 0 & 0.317\ 7 & 0.159\ 8 & 0.068\ 7 & 0.022\ 9 \\ 0.195\ 0 & 0.452\ 0 & 0.115\ 1 & 0.139\ 5 & 0.098\ 3 \\ 0.001\ 4 & 0.021\ 3 & 0.234\ 4 & 0.444\ 7 & 0.298\ 1 \\ 0.187\ 9 & 0.396\ 5 & 0.098\ 6 & 0.218\ 5 & 0.098\ 5 \\ 0.010\ 3 & 0.125\ 4 & 0.560\ 7 & 0.283\ 7 & 0.019\ 9 \end{pmatrix}$$

与此同时，在上文的基础上求出准则层所对应的权重数值，具体如下。

$$\boldsymbol{W} = (0.253\ 8,\ 0.215\ 8,\ 0.374\ 5,\ 0.058\ 7,\ 0.097\ 2)$$

最终得出模糊综合评价值：

$$\boldsymbol{M} = \boldsymbol{W} \cdot \boldsymbol{R} = (0.164\ 0,\ 0.221\ 6,\ 0.213\ 5,\ 0.254\ 5,\ 0.146\ 4)$$

3. 评价最终得分

在计算最终评价数值之前，需要利用设定的评价级别集合对上文得到的

M_i 进行去模糊处理。最终得出 5 项一级指标各自对应的评价得分以及总评分。具体如下。

$$P_1 = M_1 \cdot V = (0.431\,0,\ 0.317\,7,\ 0.159\,8,\ 0.068\,7,\ 0.022\,9) \times$$
$$(5 \quad 4 \quad 3 \quad 2 \quad 1)^{\mathrm{T}} = 4.065\,5$$

$$P_2 = M_2 \cdot V = (0.195\,0,\ 0.452\,0,\ 0.115\,1,\ 0.139\,5,\ 0.098\,3) \times$$
$$(5 \quad 4 \quad 3 \quad 2 \quad 1)^{\mathrm{T}} = 3.505\,6$$

$$P_3 = M_3 \cdot V = (0.001\,4,\ 0.021\,3,\ 0.234\,4,\ 0,\ 4\,447,\ 0.298\,1) \times$$
$$(5 \quad 4 \quad 3 \quad 2 \quad 1)^{\mathrm{T}} = 1.982\,9$$

$$P_4 = M_4 \cdot V = (0.187\,9,\ 0.396\,5,\ 0.098\,6,\ 0.218\,5,\ 0.098\,5) \times$$
$$(5 \quad 4 \quad 3 \quad 2 \quad 1)^{\mathrm{T}} = 3.356\,8$$

$$P_5 = M_5 \cdot V = (0.010\,3,\ 0.125\,4,\ 0.560\,7,\ 0.283\,7,\ 0.019\,9) \times$$
$$(5 \quad 4 \quad 3 \quad 2 \quad 1)^{\mathrm{T}} = 2.822\,5$$

$$P = M \cdot V = (0.164\,0,\ 0.221\,6,\ 0.213\,5,\ 0.254\,5,\ 0.146\,4) \times$$
$$(5 \quad 4 \quad 3 \quad 2 \quad 1)^{\mathrm{T}} = 3.002\,3$$

（三）绩效评价结果 IPA 分析

IPA 分析法是一种较为常见的用来直观表现测评指标各自的重要性以及绩效评价得分情况的方法。该方法通过将各个指标的情况分布在四个不同的象限的方法来展现各个指标的情况，象限的横轴表示测评指标的重要性，而纵轴则表示各个指标绩效评价的得分情况。四个象限对测评指标的重要性以及绩效评价的得分情况的反映是不同的，分别代表以下几种含义：第一象限表示测评指标的重要性以及绩效评价的得分情况为双高，该指标是项目的优势指标，需要持续保持下去；第二象限表示指标的重要性较高，但是绩效评价的得分情况较差，则该指标是项目要改进的指标，需要进一步完善；第三象限表示测评指标的重要性以及绩效评价的得分情况为双低，这类指标是较差但同时也是有潜力的指标，需要好好改善，发挥其作用；第四象限表示测评指标的重要性较低而绩效评价的得分情况较好，此类指标则可以小幅度调整，短期内不需要投入过多资源。

本书采用 IPA 分析法对研究对象易地扶贫搬迁项目绩效评价三个指标层中的准则以及操作两个层面进行分析，各指标的具体情况如图 5-8 和图 5-9 所示。

从图 5-8 中可以看出楼房村易地扶贫搬迁项目绩效评价准则层指标的情况：第一象限有两个指标，分别是搬迁程序合理以及建新区公共服务设施情况；第二象限有一个指标，就是经济基础；第三象限有一个指标，就是项目的后续扶持；第四象限同样也有一个指标，即文化心理情况。通过分析得知，第一象限的两个指标需要继续保持；第二象限的指标需要进行改善，即

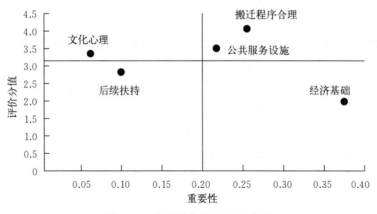

图 5-8　准则层各指标 IPA 分析

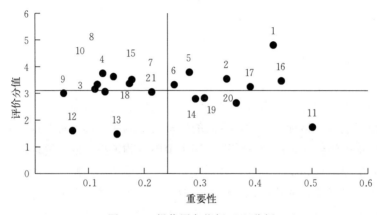

图 5-9　操作层各指标 IPA 分析

加强项目的经济基础建设；第三象限的指标需要进一步完善，发挥项目的后续扶持的作用；第四象限的指标，则需小幅度调整，短期内不需再投入过量资源。

　　从图 5-9 的分布情况可以看出楼房村易地扶贫搬迁项目绩效评价操作层指标的情况：有 6 个指标位于第一象限，包括尊重搬迁户意愿、科学选址、居住条件、教育条件、社会交往、移民认可度的情况，这些方面是扶贫搬迁的具体优势所在，政府应总结经验，采取有力措施稳固好这些优势地位，以期在今后更好发挥典型示范作用；位于第二象限的有 4 个指标，包括增收渠道、家庭年人均收入、创业扶持、就业机会，属于亟须改善的领域，说明移民的就业创业机会不够多、增收渠道比较单一且不稳定、收入水平还有较大上升空间、创业扶持政策有待制定落实，上述这些方面是今后阜平县亟须改善的关键着力点；位于第三象限的指标有 5 个，包括社区管理服务、资产收益、搬迁负担、产业支撑、就业指导与帮扶，这是今后易地扶贫搬迁的"机会区"，要因地制宜完善政策支持体系，创新举措分解移民搬迁负担、促进就业创业、破解资产收益难题、优化社区治理体系，扎实搬迁户的经济基础，实现扶贫搬迁高质量发展；位于第四象限的指标则有 6 个，包括宣传动员服务、推进效率、医疗条件、基础设施配套、交通便捷、心理状态，这部分属于"保持区"，应继续巩固好现有成效，进一步做好做实，该部分的工作需要当地政府小幅调整。

三、移民搬迁工作绩效评价结果分析

（一）搬迁程序合理结果分析

易地扶贫搬迁项目的搬迁程序是否合理主要依靠搬迁是否尊重搬迁户意愿、迁入地选址是否科学、宣传动员情况以及推进效率是否合理来判断，这些都是易地扶贫搬迁项目实现既定目标的基础。从上文的评价得分情况来看，搬迁程序合理的得分为 4.065 5 分，呈现较高的水平。

通过调研走访得知，阜平县楼房村在易地扶贫搬迁项目实施的过程中前后共召开村民代表会议 10 次，会议内容包括迁入地选址、拆迁补偿方案、搬迁后住房分配、迁入地建设方案以及搬迁户过渡期的安置方案等。会议讨论结果公布在村委会的宣传栏上，供村民查看。在搬迁民意调查情况中，无人选择不好和非常不好两个选项。迁入地的选址、宣传动员以及项目的推进效率三个方面不好和非常不好的占比也是很低的（表 5-26）。

表 5-26　搬迁程序合理各项指标评价情况

指标内容	非常好/%	比较好/%	一般/%	不好/%	非常不好/%
尊重移民意愿	82.4	15.6	2.0	0.0	0.0
科学选址	9.8	49.0	28.4	10.8	2.0
宣传动员服务	6.9	41.2	22.5	18.6	10.8
推进效率	30.4	31.4	24.5	9.8	3.9

在调研中发现，阜平县政府对项目的宣传工作非常重视。宣传工作的相关要求在政府内部层层落实。为了使项目高效推进以及保持搬迁工作的整体性，政府始终坚持管理、服务、政策等方面的统一。尽管如此，在工作中还是会存在一些细小方面有待改善，也还会有小部分搬迁户产生误解。

（二）公共服务设施结果分析

公共服务设施包括搬迁户迁入新居住地后医疗、教育、交通等方面，这些方面对于搬迁户在迁入地生活是否可以脱贫以及效果能否持续起基础性作用。当这些方面都做得很好时，则证明易地扶贫搬迁取得了良好的效果。从上文的

得分情况来看，该项得分为 3.505 6，证明这些方面的工作落实得较好。

　　阜平县易地扶贫搬迁项目开展前，当地的房屋结构主要是石木、土木、砖木、砖混四种结构，以石木结构为主，其占比达到了 67.92%，石木结构占比 80% 及以上的自然村有 6 个，下沙岗岭更是全部为石木结构。土木结构是占比最小的，仅有 4 个地方有这一房屋结构类型，其中占比最大的是下马圈沟，比例为 12.5%。砖混结构在四种房屋结构类型中占比第二高，有这一房屋结构类型的村有 8 个，占比最高的是楼房自然村，占比为 31.34%。有砖木结构的村数量是 6 个，楼房自然村的占比是最高的，占比达 30.43%。而建新区的房屋结构是浇筑结构，房屋结构得到了很大的提升（表 5 - 27）。

表 5 - 27　住房结构类型情况

村庄	石木类型/%	土木类型/%	砖木类型/%	砖混类型/%
建新区	47.76	4.48	16.42	31.34
上马圈沟	85.71	0	0	14.29
下马圈沟	75.00	12.5	6.25	6.25
葫芦沟	84.62	0	7.69	7.69
大马背	54.55	0	21.21	24.24
楼房	56.52	0	30.43	13.04
庙掌沟	94.44	5.56	0	0
上沙岗岭	82.86	2.86	8.57	5.71
庙安	80.00	0	0	20.00
下沙岗岭	100.00	0	0	0

　　从搬迁前住房面积这一情况来看，主房人均面积最大的自然村是下沙岗岭，人均面积可达 34.44 米^2，而这一项面积最小的自然村是拆旧区，人均面积仅为 16.34 米^2。自然村的主房人均面积为 22.88 米^2，其中超过平均数的自然村有 6 个。搬迁前宅基地人均面积最大的自然村是上马圈沟，人均面积可达 104.55 米^2（图 5 - 10）。楼房村易地扶贫搬迁项目的住房面积按人均 25 米^2 为标准进行房屋分配，但是对调查过的搬迁户数据进行分析后发现，人均住房面积实际为 24.11 米^2，与政府起初设定的标准有细小的差距，但是相比搬迁之前的平均面积上涨了一些。搬迁之前配房面积较小，人均仅有 5.12 米^2，配房人均面积最大的自然村是上马圈沟，为 9.4 米^2。配房人均面积最小的自然村是庙安，为 0.91 米^2。迁入新居住地后，政府以户为单位进行分配，每户 15 米^2 地下室。政府虽然计划为搬迁户分配地下室，但由于地下室面积有限且还未分配，搬迁户的农具等还需另找空间储藏。

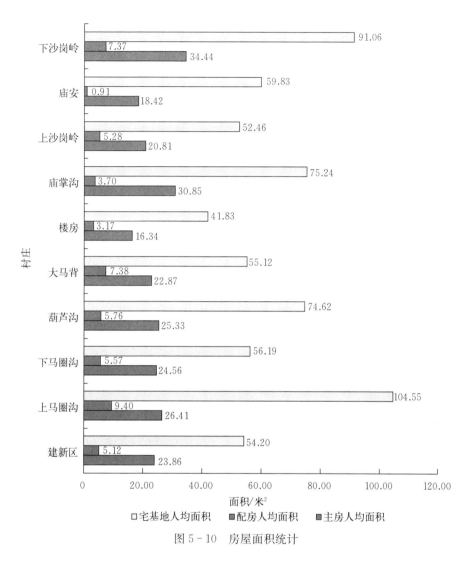

图 5-10　房屋面积统计

搬迁前，仅有少部分农民对居住房屋的质量感到满意，占比为 6.45%；感觉一般的人数约占 1/3，占比为 32.26%；超过一半的人对居住房屋的质量感到不满意，占比为 61.29%。搬迁后，农户对于居住房屋质量的满意度有明显的提升，十分满意的占比为 41.94%，感到满意的占比为 54.84%，只有3.23% 的搬迁户感觉一般。搬迁户中超过 90% 的人通过搬迁提升了对居住房屋质量的满意度，只有 9.45% 的人没有发生变化。满意度没有变化的人，其原来的住房都是 10 年内建造的。总体来看，搬迁后农民对房屋的满意度显著提升。

1. 基础设施方面

基础设施主要从供暖、用电、做饭、水利等方面的变化来进行研究。

（1）供暖情况。在搬迁之前，过冬时农户主要通过烧煤的小火炉来提高室内温度，这种取暖方式在当地所有取暖方式当中的占比达到了 71.88%。占比第二高的取暖方式是利用水暖气取暖，该取暖方式的占比为 15.63%。剩下的居民则通过烧柴进行取暖，占比为 12.5%。当地每年以户为单位，平均取暖费用为 1 170 元。搬迁户迁入新家后，供暖方式改变为空气源式的集中供暖，并且在居住的前 10 年免除搬迁户的取暖费用。迁入地冬天室内的温度可以达到 23 ℃，取暖效果得到了很大的提升。与此同时，迁入地的取暖更加方便且节能环保效果很好。

（2）用电情况。在搬迁之前，当地已经实现了全部住户通电，全部家庭都可以正常使用电并且较少停电，所以搬迁前和搬迁后基本一致。在搬迁之前，当地做饭方式与我国大部分农村一样，最主要方式就是燃烧木柴，少量采用电以及气的形式。迁入新居住地后，集中采用天然气，使搬迁户做饭更加便捷的同时，也实现了节能环保。

（3）水利情况。在搬迁之前，当地自来水并没有覆盖全部居民，葫芦沟村的部分居民使用泉水。村里的灌溉也使用泉水，并且村里没有灌溉井。迁入新居住地后，实行统一供水，居民饮水更加便利，村民也不需要承担水费。搬迁后复垦的农田也配备灌溉井。

2. 交通方面

在搬迁之前，当地已经实现了村村通路，主要道路以及通向村庄的道路都是水泥硬化路面。当地每天只有一趟公交车通往村里，车辆只到行政村，不通往各个自然村，超过半数的居民想坐车只能先到行政村。同时，绝大部分自然村距离乡镇主路较远，居民出行很不方便。迁入新居住地后，出门即可坐车，极大地提高了出行便捷程度。

3. 卫生与环境方面

在搬迁之前，村内的卫生状况呈现脏乱差的状态，村内的垃圾没有统一规定的倾倒处，垃圾大部分都是扔在村里的沟坑内，生活污水则是随意排放。迁入新居住地后，3 个搬迁户被物业聘用为打扫员，负责区域内的卫生，区域内多处设置垃圾桶，供居民扔垃圾，生活污水则是集中处理。社区管理和服务方面，搬迁前主要依靠各个自然村村民的自我维护与自我防护，迁入新居住地后，4 名村民被物业公司聘用为保安，负责区域内的安保工作。

4. 教育以及医疗方面

居住地距卫生所以及学校很近是搬迁户较为满意之处，卫生所的环境卫生情况也得以改善。但这两个方面缺乏实质性的改变。在搬迁之前，村内的学校数量是 1 所，小学的 6 个年级设置完善，随着生源的减少，部分年级逐渐消失，教师数量也急剧下降。迁入新居住地后，教育方面有很多工作需要做，很难短时间内见到成效，同时原设定的幼儿园与文化广场也还未建好。而医疗条件方面与教育问题相似，仅提升了环境卫生等外在设施，而医疗负责人员及队伍缺失的关键问题还没有解决。

（三）经济基础结果分析

经济基础的分析主要从搬迁负担、人均经济收入、迁入新居住地后的增收渠道等方面展开。易地扶贫搬迁项目的绩效评价结果的核心影响因素就是经济基础。从得分情况来看，该项的得分仅为 1.982 9，得分很低，证明经济基础处于一个较差的水平。

本次调查的对象都是此次搬迁项目所涉及的家庭。在这些家庭中，人口数 ≤2 人的占比为 31.37%，3 人和 ≥5 人的家庭占比相同，为 27%。在这些家庭中，都存在照顾老人以及养育小孩的压力。由于当地教育条件差，为了孩子能接受质量好一点的教育，家长通常会把孩子送到县城去上学。这样一来，当地大部分家庭的分工就是女人在家里照顾老人和孩子，男人外出务工，大多从事建筑类工作，挣钱补贴家用。由于在农忙的季节需要回家务农，当地男人每年外出务工的时间以半年左右为主。

农业收入为家庭主要经济来源的人口数量占到了楼房村人口总数的 2/3。虽然农业在当地是主要产业，但是其经济效益很低。楼房村所在地区以山地为主，耕种环境较差。同时，平均每户人家的耕种面积仅有 0.89 亩。由于耕种面积过小，农户种植的玉米全部供自家人食用以及家畜养殖所用，没有额外的产量进行销售。当地平均每户人家种植栗的面积为 1.62 亩，受当地自然环境条件以及农户传统种植方式的影响，栗的产量很低，每亩地的产量仅为 100～150 千克。同时，由于栗质量较差，每千克栗的平均价格仅为 10 元。平均每户种植核桃的面积与栗相差不多，为 1.3 亩。农业效益的低下，导致当地以农业为主要经济来源的家庭每年农业收益仅为 2 000 元。当地有 20% 左右的农户需要依靠儿女以及养老金才能维持生活。当地易地扶贫搬迁项目计划将复垦的耕地通过招投标的形式流转出去，从而推动当地苹果等产业的发展。与此同时，引进加工类的产业，完善产业链的同时，带动当地的就业。由于当地项目开展的前期，过于重视迁入地的建设、搬迁户的搬迁等工作，导致一定程度上忽视了产业的发展。在调研过程中，有一些搬迁户反映迁入新居住地后，由于距离搬迁之前的家太远，耕地不方便。与楼房自然村距离 ≥3 千米的自然村数量有 4 个。耕地距离的变化加上很多农户的年龄较大，导致很多人不再耕种自己的土地，这在一定程度上加剧了搬迁户经济收入的不稳定性。

通过调研发现，搬迁户在迁入新居住地的过程中，资金消费最大的项目是购买家具以及家电。易地扶贫搬迁项目中安家补偿资金每人 1 万元，平均到每户家庭为 27 004 元。购买家具及家电的资金支出占安家补偿资金的一半左右，

比例为 48.37％，在购买家具及家电的花销中，占比最高的家庭花销大于或等于
15 000 元且小于 20 000 元。在调查的搬迁户中，购买家具及家电资金花销最大
的为 4 万元，最小的为 500 元（图 5-11）。农户认为虽然给予搬迁补贴，但是
搬迁对于农户来说是件复杂事情，涉及方方面面，搬家的花销较大，带来一定
的搬迁负担。

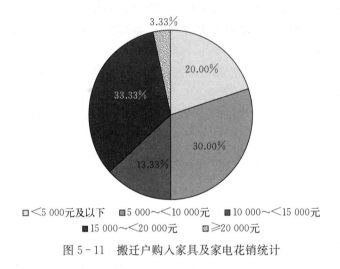

图 5-11　搬迁户购入家具及家电花销统计

搬迁户迁入新居住地后，随着身份的转变，生活中很多项目的花销也产
生了变化。在搬迁之前，农户每个月使用的电费和做饭使用的燃料费都很
低，但在迁入新居住地后两项花销均有大幅度的上涨。其中，电费方面由每
个月平均花销 35 元变成了 202 元。在冬天取暖方面的花销则有所降低，在
搬迁之前，农户冬天取暖以自费为主；在搬迁之后，搬迁户 10 年之内的取暖
是免费的。在家庭食品费用支出方面，在搬迁之前，楼房村的农户多以种植以
及饲养家禽为主，食物多为自给；在迁入新居住地后，随着自家耕地离居住地
变远（搬迁前后居住地的距离情况见图 5-12），许多农户放弃耕作，因此移
民的日常食品费用开销明显上涨。另外迁入新居住地后，虽然计划按户为单
位，每户分配 0.1 亩的土地供搬迁户种菜，但还未分配，这也导致了搬迁户迁
入新居住地后食品费用增加，增加了移民的负担及忧虑。

在调查对象中，大部分家庭的年人均收入大于或等于 3 000 元且小于 4 000
元，该部分人群占比为 66.67％；占比第二大的大于或等于 2 000 元且小于
3 000 元，该部分的家庭户数是 28 户，占比为 27.45％；大于或等于 4 000 元
且小于 5 000 元的家庭户数为 6 户，占比为 5.88％。不足 2 000 元、5 000 元及
以上的家庭户数均为 0（表 5-28）。从分布情况可以看出，当地收入水平很
低，大部分家庭仅仅是维持生活的状态。

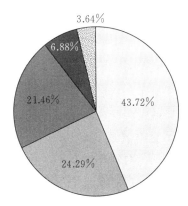

□ <1千米(庙安、楼房)　　　■ 1~<2千米(大马背、下沙岗岭、葫芦沟)

■ 2~<3千米(庙掌沟、上沙岗岭)　■ 3~<4千米(下马圈沟)

▨ ≥4千米(上马圈沟)

图 5-12　搬迁前后不同距离人口占比统计

表 5-28　农户家庭年人均收入统计

范围	户数/户	占比/%
<2 000 元	0	0
2 000~<3 000 元	28	27.45
3 000~<4 000 元	68	66.67
4 000~<5 000 元	6	5.88
≥5 000 元	0	0

搬迁户在迁入新区后随着身份角色的转变，各项生活花销也有所变化。虽然取暖费在入住的前 10 年免费在一定程度上减轻了搬迁户的压力，但是电费等几项费用的增加还是给搬迁户带来不小的压力。搬迁户生存压力大的主要原因是自身技能素养低且缺乏稳定的工作，从而无法稳定地为家庭带来收入。移民对增收渠道以及资产收益情况的评价均较低（表 5-29）。

表 5-29　经济基础二级指标评价情况

指标内容	非常好/%	比较好/%	一般/%	不好/%	非常不好/%
资产收益	0	0	0.98	56.86	42.16
增收渠道	0	0	6.86	58.82	34.31

（四）文化心理结果分析

易地扶贫搬迁项目的文化心理部分主要体现搬迁户在迁入新居住地后对搬

迁是否认可以及是否愿意通过自身的努力达到脱贫目标。这些方面对于搬迁户
迁入新居住地后能否真正实现脱贫有着很重要的现实意义。该项的评分为
3.3568分，处于基本良好的水平。

大多数搬迁户对于搬迁有利于改变他们的生活是持认可态度的。很多搬迁
户认为，迁入新居住地后，提升了公共服务设施的质量，同时住上了以前想住
也住不起的楼房，移民与邻居的社会交往情况较好。但也有部分搬迁户对搬迁
后的社会交往等方面的变化感觉不满意（表5-30）。产生这种情况的主要原
因是生活环境的变化，使得搬迁户对新环境有一定的陌生感，加之搬迁项目有
些地方处理得还不够细致，让搬迁户对未来生活产生了一定的担忧。针对此类
情况，政府应及时采取相对应的措施，引导搬迁户积极看待目前的生活，提升
他们对未来生活的信心，增加他们对于项目的认可度。

表5-30 文化心理二级指标评价情况

指标内容	非常好/%	比较好/%	一般/%	不好/%	非常不好/%
移民认可度	12.75	39.22	14.71	25.49	7.84
社会交往	24.51	40.20	4.90	17.65	12.75
心理状态	17.65	39.22	11.76	24.51	6.86

（五）后续扶持结果分析

易地扶贫搬迁项目的后续扶持主要指搬迁户在迁入新居住地后，政府对于
搬迁户就业创业等方面的支持。2019年中央1号文件中指出，对于易地扶贫
搬迁项目，一定要注重开展后续扶持，努力改善之前只重视搬迁，忽视后续扶
持的情况。楼房村易地扶贫搬迁项目的后续扶持得分为2.8225，处于一般的
水平。

楼房村易地扶贫搬迁项目后续扶持的四个指标评价中"非常好"与"比较
好"的占比都在20%以下，同时"非常不好"与"不好"这两项评分等级的
占比较高（表5-31）。这就反映出楼房村易地扶贫搬迁项目的后续扶持做得
不是很好。楼房村经济发展水平低，当地产业主要以农业为主，迁入新居住
地后，当地第二、三产业的发展很差，无法为当地人们创造就业机会，当地
人就业多以外出务工为主。迁入新居住地后，很多搬迁户又放弃了继续耕
种，农民的就业面就更窄了。被放弃耕种的土地，由于质量较差且细碎化严
重，流转困难，很难给农民带来收益。政府为了改善当地居民就业难的情
况，建立了就业创业的服务平台并制定了一系列的政策。服务人群主要是当
地经济贫困的劳动力，培训服务项目主要是围绕周边的产业进行的，如养殖
业、手工业等。与此同时，扩大公益性岗位的数量，增加就业。虽然如此，

但效果不尽如人意，很多搬迁户认为培训存在时间短等问题，无法解决就业问题。另外当地就业的工资水平很低，无法满足当地居民的需求，所以很多人只能找机会外出务工。但由于搬迁户技能素养低下，外出务工的薪酬也无法很好地满足生活的需要，且带来了空巢老人等问题，这样一来加剧了恶性循环。

表 5 - 31　后续扶持二级指标评价情况

指标内容	非常好/%	比较好/%	一般/%	不好/%	非常不好/%
就业指导与帮扶	2.94	15.69	64.71	15.69	0.98
就业机会	0	11.76	42.16	43.14	2.94
产业支撑	0.98	18.63	65.69	13.73	0.98
创业扶持	0.98	8.82	62.75	25.49	1.96

四、提升易地扶贫搬迁绩效的对策建议

为促进扶贫搬迁可持续发展，必须坚持因地因户搬迁安置，尊重移民意愿，扎实做细宣传动员与服务工作。要重点从就业帮扶和资产收益两方面发力，尽最大努力促进移民增收致富。要创新推动多方协同参与的社区自治新模式，切实从搬迁户细微"痛点"处改善公共服务水平，提升搬迁户获得感、参与感、幸福感、归属感，促进搬迁户融入新家园。

(一)因地因户搬迁安置，完善社会保障体系

遵循整体搬迁的原则，尊重群众意愿，因地因户制宜决定搬迁安置方式，不搞"一刀切"。一般来说，长期在外务工且稳定在城镇就业的人可搬迁到县城和集镇，而长期从事农业且进城愿望不强烈的人则以搬迁到基础条件较好的行政村为宜。设立移民搬迁专门服务机构，专门负责搬迁中移民各类问题的解答和协调处理，把一些小矛盾、小问题在基层第一线妥善处理好，把一些面上的问题及时协调解决，切实让搬迁户感受到搬迁"一条龙"服务。加强易地扶贫搬迁政策宣传与指导，既要注重统一宣传，营造气氛，也要做好周到细致的上门宣传与服务。实行搬迁户"服务包干"制度，每个工作组要把搬迁工作落实到每一个搬迁户，重点要讲明扶贫搬迁好政策、算清各户搬迁成本账、引导后续增收致富路，让每个搬迁户都能根据搬迁成本、自身经济能力、家庭成员状况和迁入地发展条件等情况合理选择符合自身实际的搬迁安置方式，从而避免盲目跟风搬迁。

对于搬迁农户来讲，从迁出地到迁入地生活生产方式等发生很大的变化，如农业收入降低、消费支出增加等。为使搬迁农户能够尽快适应搬迁后生活，

应该适当提高国家的搬迁补助标准，增加最低生活保障，提高政府救济和补贴，帮助搬迁人口尽快度过适应期。另外，对于一些特殊贫困的搬迁人口，政府应该给予关注，出台一些有针对性的扶持政策，最大限度地实现搬得出、稳得住、能发展。并且，要统筹国家生态补偿资金和城乡居民养老保险财政专项资金，探索股权收益置换养老保险新模式，构建以地方政府、土地流转、个人三方面共同出资为主，社会资助为辅的养老保障体系，全面覆盖搬迁人口养老保障。

（二）强化职业技能培训，拓展就业渠道

提升搬迁人口的内生发展动力是稳定搬迁的重要基础。进一步加大职业技能培训投入力度，推动搬迁人口就业由体力型向技能型转变。准确定位就业市场需求和精准识别搬迁人口实际需求，根据不同年龄、文化素质、性别等开设更多契合需要的培训项目，多开设短期见效快、长期稳得住、薪资水平高的培训项目，提升职业技能培训的针对性和上岗率。对接相关工业园区优质企业，充分发挥政府及劳务公司的作用，实施劳务输出，试行先上岗后培训、边工作边培训等模式，切实保障外出务工移民的各项福利待遇。统筹省级税收和信贷政策，对吸纳扶贫移民较多的企业给予一定的优惠奖励。

打好组合拳，扎实做好做实就近就业工作：①整合安置区周边闲置场所，就近设立形式多样的"车间"，优先给就业困难人员安排工作，妥善解决年龄偏大人群、残疾人等就业困难问题；②出台优惠扶持政策，鼓励有一定经济基础的搬迁人口创业，鼓励"经济能人"带动搬迁人口就业创业和脱贫致富，落实创业小额担保贷款政策；③统筹安排安置区附近产业发展，要使安置区周边产业规划布局走在搬迁前头，要合理选择产业，使搬迁人口能够在家门口实现就业，获得基本生活来源。

（三）加大公共服务投入，降低生产生活成本

加大教育、医疗、交通等基本公共服务投入，完善安置区周边功能设施，合理布局和安排商业购物、餐饮休闲、教育培训、便民公交、便民医疗等服务设施，让居民在家门口就能解决基本生产生活需要。统一对安置房质量问题进行摸底清查，尽快协调修补事项，保证搬迁户住房安全舒适。要优化公交线路网络，增加过往安置点公交的频率。试行往返城乡客运班车兼顾公交职能，方便搬迁户交通出行。加大安置区医疗设施投入，按照乡镇卫生院配置标准在邻近安置点之间合适位置建立社区卫生服务中心，切实保障搬迁人口享有优质、便利、可及的医疗服务。

妥善解决搬迁后日常生活开支激增的问题。统筹扶贫搬迁专项资金、后续配套资金、财政补贴、社会捐助等，对因病因残失业及家庭发生重大变故的搬迁户在网络通信、有线电视、燃气安装等新增费用上适当予以补贴。设立困难

搬迁户扶持基金，保障特困家庭基本的吃穿住行及教育。切实关注边缘贫困户的生存发展，探索灵活有效的帮扶响应机制，防止搬迁户返贫情况发生。

（四）探索土地流转新形式，盘活资产增加收益

政府要补齐小农户小规模经营的短板，加快农村土地制度改革，通过农村的"三变"整合土地资源，积极探索和鼓励搬迁新村土地多种形式流转。提倡企业和农户联合发展，以企业为主导，通过租赁、入股等形式搞土地适度规模化、集约化生产经营。拓宽融资渠道，破解发展中的资金难题。对于村集体山林、土地，强化资源整合，打好组合拳，成立股份经济合作社，将集体资产以股权形式量化到村股份经济合作社的成员，按股分红，形成风险共担、利益共享的运营模式，实现农民变股民。以推进山林、土地集约化、适度规模化经营为突破口，突出生态和文化主题，在智慧农业、创意农业、森林体验、森林养生等领域创新经营模式。延长农业、林业等产业价值链，有效提高资产收益。此外，要注重高水平专业团队和高级技术人才的引进和培育，充分发挥人才在生态产品价值实现中的智力支持。

（五）多方协同参与自治，深度融入迁入地

社区自治组织必须发挥引导作用。构建"搬迁户＋理事会＋物业"社区共建共享模式，实行网格化管理，分片区设立负责人，最大限度激发居民参与社区自治的积极性，努力形成多方协同参与社区自治格局。村委会要做好社区居民的引导、管理和服务工作，切实协调解决搬迁户医疗、就业、教育、养老等问题；理事会要发挥好村委会、物业与搬迁户之间的桥梁作用，广泛收集社区居民意见，对物业的管理和服务效能进行监督，对社区的重大事务决策和落实进行监督。设立文化活动中心，通过开展健康文体活动，增加居民相互交流的机会，推动新的社会关系网络形成，有效促进搬迁户的深度融入。

搬迁户心态恢复和适应需要经历一个阶段，要切实加强搬迁户的社会心理适应工作，把搬迁户的心理疏导作为扶贫搬迁后续扶持的重要组成部分。要把扶贫"扶志"工作有机融入帮助搬迁户社会心理适应工作中，增强其自力更生的内生动力，摒弃"等、靠、要"等落后思想。

第六章 阜平县移民搬迁后耕地利用问题

易地搬迁的实施是为了提高阜平县农户的生产生活水平。搬迁虽然改善了农户的生活条件，但也出现了一些问题，其中最主要的是居住地与耕地距离较远、农业经营不便。阜平县政府应当利用易地搬迁的契机，整合耕地资源，促进阜平县耕地资源的合理配置，实现耕地适度规模经营。

第一节 阜平县搬迁村耕地利用情况

为了解阜平县搬迁村耕地利用情况，本书课题组于 2019 年 4 月在阜平县进行调研。采取随机抽样的方法，对阜平县各个乡镇的基本情况进行简单了解，随机选取部分村干部进行访谈，并以问卷的方式进行数据记录。

一、调研的基本情况

本次调研涉及北果园镇、天生桥镇、龙泉关镇、吴王口乡、砂窝镇、史家寨乡、阜平镇、大台乡、王林口镇、台峪乡、平阳镇、夏庄乡、城南庄镇 13 个乡镇，并随机调研 65 个村（表 6-1），问卷有效率达 100%。

表 6-1 调研村庄数量

调研乡镇	村庄数量/个	调研乡镇	村庄数量/个
北果园镇	6	大台乡	6
天生桥镇	7	王林口镇	6
龙泉关镇	5	台峪乡	4
吴王口乡	3	平阳镇	5
砂窝镇	4	夏庄乡	4
史家寨乡	5	城南庄镇	5
阜平镇	5	合计	65

调研问卷根据阜平县搬迁村实际耕地资源条件以及经济状况设计，主要包含以下几个方面：

（1）村耕地基本情况。主要包含耕地面积、主要种植作物、作物种植面积、灌溉面积以及灌溉设施数量。

（2）农户基本情况。主要包含农户家庭成员数量、年龄、从事农业生产时间、是否接受农业专业技术培训、务工情况等。

（3）农户耕地情况。主要包含农户家庭所拥有耕地面积、地块数量、流转面积、流转价格、流转年限、流转用途、灌溉面积等。

（4）农户农作物种植情况。主要包含农作物种类、种植面积、亩产、亩均成本、亩均收益等。

（5）农户经营特征。主要包含农户参加新型农业经营组织情况、参加农业保险情况。

（6）农户家庭收入水平。主要包含受访者家庭收入的来源、受访者家庭农业收入占比。

二、搬迁村耕地经营情况

从阜平县各个乡镇调研中的耕地经营规模来看，城南庄镇谷家庄村耕地面积最大，达到 10 650 亩；其次是天生桥镇大车沟村，耕地面积为 9 988 亩；东板峪店村、马沙沟村、北古洞村、印钞石村、菜池村耕地面积均在 2 000 亩以上，其余村庄耕地面积在 2 000 亩以下。调研乡镇中平阳镇实际耕种面积中灌溉面积比例最大，占比 52.64%；其次是大台乡，占比 51.42%；吴王口乡灌溉面积比例最低，仅有 4.63%。史家寨乡灌溉面积中喷灌、滴灌等节水灌溉面积比例最大，占比 40.00%，其次夏庄乡 30.49%。调研中北果园镇、阜平镇、龙泉关镇、台峪乡、王林口镇、吴王口乡均没有喷灌、滴灌等节水灌溉设施（表 6-2）。

表 6-2　调研乡镇灌溉面积占比

乡镇	灌溉面积比例/%	节水灌溉面积比例/%
北果园镇	40.66	0
城南庄镇	15.51	15.99
大台乡	51.42	8.08
阜平镇	36.36	0
龙泉关镇	44.49	0
平阳镇	52.64	4.91

（续）

乡镇	灌溉面积比例/%	节水灌溉面积比例/%
砂窝镇	45.09	17.23
史家寨乡	11.59	40.00
台峪乡	30.76	0
天生桥镇	15.09	23.62
王林口镇	44.25	0
吴王口乡	4.63	0
夏庄乡	34.00	30.49

阜平县各个乡镇主要种植的农作物为玉米、粟、马铃薯，主要种植果树为核桃、栗、桃和枣。调研乡镇中，城南庄镇玉米种植面积最大，占比83.23%。台峪乡占比51.45%次之，台峪乡还种有370亩小麦，其他乡镇均未种植小麦。砂窝镇种植玉米比例33.98%，还种植桃树1 000亩，占比38.83%。吴王口乡种植玉米面积较小，主要还种植白灵菇256亩，占比11.85%；核桃300亩，占比13.88%；马铃薯375亩，占比17.35%（表6-3）。

表6-3 调研乡镇玉米种植面积比例

乡镇	玉米种植面积比例/%	乡镇	玉米种植面积比例/%
北果园镇	27.98	史家寨乡	29.59
城南庄镇	83.23	台峪乡	51.45
大台乡	43.24	天生桥镇	7.80
阜平镇	14.22	王林口乡	25.80
龙泉关镇	47.32	吴王口乡	11.57
平阳镇	50.29	夏庄乡	36.48
砂窝镇	33.98		

为进一步了解阜平县搬迁村农户耕地经营现状，对阜平县13个乡镇开展农户随机走访调研，共涉及农户424户，其中有效样本数量394份，样本有效率为92.92%。首先从耕地面积来看，86.80%的农户耕地面积小于0.33公顷；11.17%农户耕地经营面积大于或等于0.33公顷且小于0.67公顷；1.52%农户耕地经营面积大于或等于0.67公顷且小于1公顷；大于或等于1公顷且小于1.33公顷、大于或等于1.33公顷的农户仅各有1户，占比0.25%。由图6-1可以看出，调研农户中大面积经营耕地的户数并不多，从整体上来看，阜平县农户的耕地经营面积普遍较小。

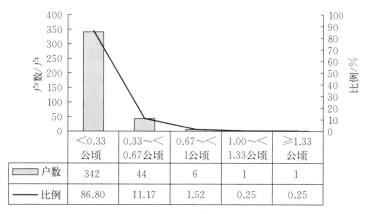

图6-1　调研农户耕地面积比例

　　如表6-4所示，耕地面积小于3亩的农户比例最多，占比均在15％以上，每亩耕地地块数量的平均值也较大，为4块以上，最大地块面积仅为0.5亩；其次为农地面积大于或等于3亩且小于7亩的农户，占比24.12％，每亩耕地地块数量平均值为2~4块，最大地块面积为1.8亩；农地面积大于或等于10亩的农户数量最少，仅有8户，每亩耕地地块数量平均值在2块以下，最大地块面积为2亩。随着农户经营耕地面积的逐渐增加，每亩耕地地块平均数量呈现逐渐减少的趋势，耕地经营面积越小，地块数量越多。阜平县大多数农户耕地经营面积较小，耕地细碎化程度较高。

表6-4　调研农户耕地面积情况

耕地面积/亩	户数/户	比例/%	每亩耕地地块数量平均值/块	最大地块面积/亩
0~<1	103	26.14	4.17	0.5
1~<2	104	26.40	5.77	0.5
2~<3	70	17.77	4.74	0.5
3~<4	34	8.63	3.62	0.7
4~<5	31	7.87	3.47	1.0
5~<6	15	3.81	2.60	1.8
6~<7	15	3.81	2.47	1.0
7~<8	9	2.28	2.14	1.2
8~<9	4	1.02	2.04	1.0
9~<10	1	0.25	1.89	0.5

(续)

耕地面积/亩	户数/户	比例/%	每亩耕地地块数量平均值/块	最大地块面积/亩
10～<11	1	0.25	1.70	1.5
12～<13	2	0.51	1.44	1.2
13～<14	2	0.51	1.35	2.0
14～<15	1	0.25	1.43	0.4
17～<18	1	0.25	1.47	0.5
18～<25	1	0.25	1.38	2.0

394 户调研农户耕地总面积为 1 142.05 亩，户均耕地面积为 2.90 亩。其中，灌溉面积为 477.52 亩，占耕地总面积的 41.81%；喷灌、滴灌等节水灌溉面积仅 17.5 亩，仅占灌溉面积的 3.66%（图 6-2）。阜平县整体灌溉设施水平较低，喷灌、滴灌等节水灌溉设施更是少之又少。

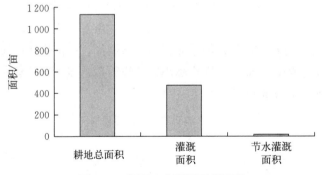

图 6-2　调研农户灌溉面积情况

由图 6-3 可知，83.25% 的农户未参加任何种类的农业保险，15.99% 的农户参加了政策性农业保险，仅有 0.76% 的农户参加了商业性农业保险。反映出调研农户对农业投保意识不足，且农业收益低，保险费补贴少，农户大多不愿投保。

94.92% 的调研农户未受过农业专业技术培训，仅有 5.08% 的农户受过农业专业技术培训，说明阜平县农业技术培训活动组织得较少。

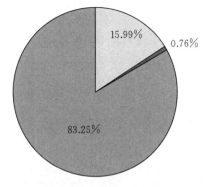

图 6-3　调研农户参加农业保险比例分布

综上，从阜平县耕地整体经营情况可以看出：耕地经营规模普遍较小，细碎化程度较高；农田灌溉设施不完善；农业社会化服务程度不高。

三、耕地流转情况

截至 2016 年末，阜平县通过转包、转让、出租等形式流入耕地面积 62 215.97 亩，占保定市总流入率的 5.26%；流出耕地面积 14 483.57 亩，占保定市总流出率的 1.53%。与保定市其他地区耕地流转率相比，阜平县整体耕地流转率较高。在调研农户中，发生耕地流入的有 15 户，占比 3.81%；发生耕地流出的有 123 户，占比 31.22%；未发生流转的农户有 256 户，占比 64.97%（图 6 - 4）。由此看出，小农户耕地流转率并不高，发生流转的农户不到半数，且主要以流出为主。

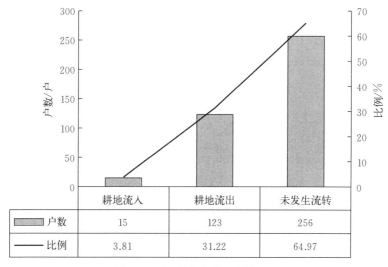

	耕地流入	耕地流出	未发生流转
户数	15	123	256
比例	3.81	31.22	64.97

图 6 - 4　调研农户耕地流转情况

在发生耕地流转的被调研农户中，耕地的流转年限如图 6 - 5 所示。流转年限小于 5 年的农户最多，有 112 户，占发生流转农户的 81.16%，且主要以小规模、农户之间流转为主；流转年限大于或等于 5 年且小于 10 年的最少，只有 9 户，占比 6.52%；流转年限大于或等于 10 年的有 17 户，占比 12.32%。结合调研农户耕地流转合同签订情况来看，在发生耕地流转的 138 户农户中，签订流转合同的有 109 户，占比 79%；未签订流转合同的有 29 户，占比 21%。未签订纸版合同的流转大多依据农户之间的口头协议。这从侧面反映出，当前阜平县耕地流转程序存在较为严重的不规范问题。

发生流转的调研农户中，有 110 户采用出租的流转方式，占比 79.71%，占比最大；有 11 户选择入股方式，占比 7.97%；17 户选择代耕代种方式，占

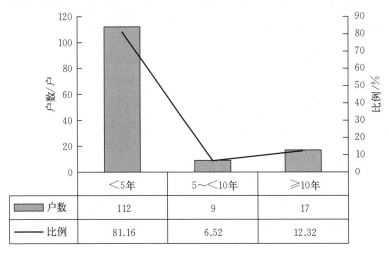

图 6-5　发生农地流转的调研农户流转年限情况

比 12.32%；没有农户采取互换及其他流转方式（图 6-6）。由此看出，阜平县耕地流转方式较为单一，主要以出租为主。

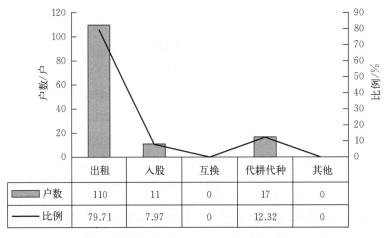

图 6-6　发生农地流转的调研农户流转方式选择情况

　　阜平县当前小农户耕地流转率并不高，流转程序也不规范，未签订流转合同的现象仍然存在。主要以短年限、小规模流转为主。流转方式也较为单一，主要以出租为主。

四、不同规模区间单要素生产率对比分析

（一）土地生产率

土地生产率是指土地单位面积的产量，在本书中指 1 公顷的耕地产量。计

算公式为：土地生产率＝农产品总产量（千克）/耕地总面积（公顷）。将阜平县调研农户按照规模分组（运用等距分组原理将样本分成 5 组），并整理出各组的土地生产率。

由表 6-5 可以看出，调研农户耕地平均产量在 1.00～<1.33 公顷这一区间最高，为 10 590 千克/公顷；当经营规模大于或小于这一区间时，产量都低于这一区间；当耕地经营规模小于或等于 1 公顷时，随着经营规模的增加，平均产量是逐渐增加的；当农户耕地经营规模达 1.33 公顷及以上时，土地的平均产量也是相对较高的。

表 6-5　不同规模区间土地生产率对比分析

项目	<0.33 公顷	0.33～<0.66 公顷	0.66～<1.00 公顷	1.00～<1.33 公顷	≥1.33 公顷
土地生产率/（千克/公顷）	9 230	9 720	10 290	10 590	10 485

（二）资金生产率

资金生产率是指资金消耗所取得的效果或效率，通常用单位资金所生产的产品量或产值来表示（本书选取产量来反映产出），其计算公式为：农户粮食单位总产量（千克/公顷）/单位总成本（元/公顷）。这一指标表明农业生产投入的单位资金所产生的粮食数量，越高说明其经济效益越好。

用 1 公顷总产量与投入的比来表示资金生产率。通过计算可知，阜平县农户耕地投入的平均成本为 6 675 元/公顷，通过公式计算资金生产率，结果如表 6-6 所示。刚开始随着耕地经营规模的扩大，平均资本生产率有所增加，但当耕地规模大于或等于 1.00 公顷且小于 1.33 公顷时，资金生产率有所下降，随后，当耕地经营规模在 1.33 公顷及以上时，资本生产率达到最大值，这说明适度的规模经营是能够提高资本生产率的，但从总体看来，农户耕地经营规模对资金生产率的影响并不显著。

表 6-6　不同规模区间资金生产率对比分析

农地规模	<0.33 公顷	0.33～<0.66 公顷	0.66～<1.00 公顷	1.00～<1.33 公顷	≥1.33 公顷
资金生产率/（千克/元）	2.26	2.81	3.17	3.08	3.25

（三）劳动生产率

劳动生产率是指单位农业劳动者在单位时间内生产的产品价值或产品数量。将单位劳动时间设定为 1 天，用产量表示农产品数量。劳动生产率计算公式为：农业劳动生产率＝农户耕地总产量/(农户农业就业人口×劳动时间)，单位为千克/(人·天)。从表6-7中可以看出，随着农户耕地经营规模的扩大，劳动生产率随之显著增长，当农户经营规模达到1.33公顷及以上时，劳动生产率最大为33.49，说明适度的规模经营可以提高劳动生产率。

表6-7　不同规模区间劳动生产率对比分析

农地规模	<0.33公顷	0.33~ <0.66公顷	0.66~ <1.00公顷	1.00~ <1.33公顷	≥1.33公顷
劳动生产率/ ［千克/(人·天)］	19.89	25.20	29.73	30.26	33.49

通过上述分析可知，农户耕地经营规模为1.33公顷及以上时土地能够产生较高的土地生产率、资本生产率和劳动生产率，说明经营适度规模的耕地能够在一定程度上提高经济效益。但在3个单要素生产率中，只有劳动生产率与耕地经营规模有较为明显的正向变动关系，因而本书选择劳动生产率最大化作为测算阜平县农户耕地适度规模经营的衡量标准。

第二节　阜平县搬迁村农户适度耕作规模测算

选取土地、资本、劳动力投入的边际产量最大为标准，通过构建C-D农业生产函数，对阜平县搬迁村适度耕作规模进行测算。

一、样本描述性统计

(一)农户基本情况

按照李琴等(2019)不同地形下、不同地区的耕地适度规模经营的分类估计，在山地地区，测算的农户户均耕地最优经营规模约为1.40公顷。由于经营的耕地面积越小，农户的兼业化程度越高。调研农户中耕地5亩以下的农户，大多并不把农业收入作为家庭收入的主要来源，对于测算该地区适度规模的结果没有什么积极意义。因此，本书筛选出耕地经营面积为5亩以上的农户的投入产出数据，作为适度规模的测算依据。所选样本涵盖了阜平县北果园镇、城南庄镇、大台乡、阜平镇、龙泉关镇等12个乡镇27个村的52户农户，具体样本分布情况见表6-8。

由图6-7可知，样本农户家庭人口数量主要集中在4人，占比为34.62%；其次是3人、2人和5人，占比分别为19.23%、15.38%、13.46%。样本农户家庭人口数量均值为3.96。

表 6-8　阜平县调查样本农户分布情况

单位：户

样本区域	抽样区域	样本数量	样本区域	抽样区域	样本数量
北果园镇	细沟村	1	砂窝镇	碾子沟门村	1
	顾家沟村	1		上堡村	1
城南庄镇	后庄村	2	史家寨乡	董家村	2
	易家庄村	2		百石台村	2
大台乡	柏崖村	2	台峪乡	王家岸村	3
	东槽岭村	1		吴家庄村	1
阜平镇	色岭口村	1	天生桥镇	大车沟村	4
	石漕沟村	1		马坊村	1
龙泉关镇	八里庄村	4		马驹石村	4
	骆驼湾村	3	王林口镇	岭东村	4
	青羊沟村	1		南辛庄村	2
	西刘庄村	3		银河村	1
平阳镇	黄岸村	1	夏庄乡	夏庄村	2
	石湖村	1	合计		52

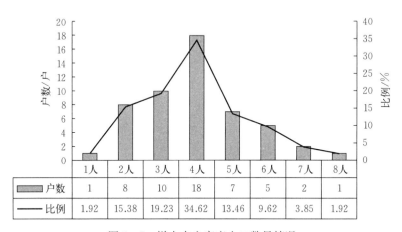

	1人	2人	3人	4人	5人	6人	7人	8人
户数	1	8	10	18	7	5	2	1
比例	1.92	15.38	19.23	34.62	13.46	9.62	3.85	1.92

图 6-7　样本农户家庭人口数量情况

样本农户中，劳动力年龄大都集中在 40～65 岁，有 27 人，占比 51.92%；>65 岁的次之，有 16 人，占比 30.77%；<40 岁的最少，仅有 9 人（图 6-8）。样本农户中年龄最大的为 77 岁，最小的为 27 岁，年龄平均值为 55.65，说明当前阜平县农户的劳动力年龄普遍偏大。

样本农户中初中学历的最多，有 22 人，占比 42.31%；其次是小学学历

15 人，占比 28.85％；没有大专及以上学历的农户；高中或中专学历仅有 4 人，占比 7.69％，初中及以下学历的占比达到 92.31％（图 6-9）。说明阜平县农户整体受教育程度不高。

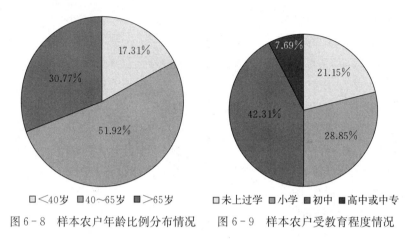

□＜40岁 ▨40～65岁 ▓＞65岁　　□未上过学 ▨小学 ▓初中 ■高中或中专

图 6-8　样本农户年龄比例分布情况　　图 6-9　样本农户受教育程度情况

早期阜平县山区教育资源匮乏，教育设施落后，农民子女上学成本较高，导致了现如今农村主要劳动力人口的受教育程度普遍较低。

（二）农户农业生产管理情况

样本农户中，65.38％的农户参与农业生产管理时间在 30 天及以上；13.46％的农户参与时间为 15～29 天；11.54％的农户参与时间为 1～4 天；未参与农业生产管理的农户仅有 5 户，占比 9.62％。整体来看，样本农户农业生产管理时间多数在 30 天及以上（图 6-10）。

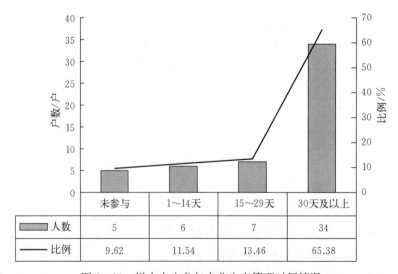

	未参与	1～14天	15～29天	30天及以上
▨ 人数	5	6	7	34
── 比例	9.62	11.54	13.46	65.38

图 6-10　样本农户参与农业生产管理时间情况

由表 6-9 可知，样本中，96.15％的农户并没有受过农业专业技术培训，仅有 3.85％的农户受过相关的农业专业技术培训。这可能与样本农户中主要是中老年人有关。他们进行的农业生产主要是粗放经营，受文化水平限制，缺乏采取新的农业生产技术的积极性，更没有参加农业技术培训的意识。

表 6-9 样本农户接受农业专业技术培训情况

项目	接受过	没有接受过
户数/户	2	50
比例/％	3.85	96.15

耕作中的资金投入主要包括种子投入、化肥投入、农药投入和灌溉水费。由于阜平县农机使用率较低，且调研农户未使用农机，所以不包含农机使用的资本投入。根据调查数据计算，样本区农业生产中，资金投入每亩每年 200~400 元，样本农户户均农业生产资本投入为 1 764.23 元/年，其中资金投入最多的是化肥，其次是种子，农药的投入额最少。

（三）农户家庭收入情况

样本农户中，家庭收入大于或等于 1 万元且小于 5 万元的占比最多，占比57.69％；其次是家庭收入小于 1 万元的农户，占比 1/4；家庭收入大于或等于 10 万元的样本农户最少，仅有 1 户（图 6-11）。家庭收入来源以非农收入为主的有 15 户，占样本总量的 28.85％，这些家庭的收入主要来源于外出务工。

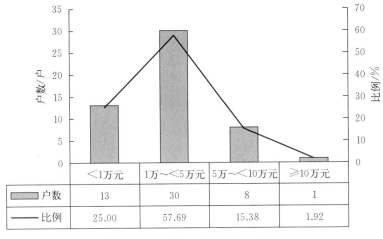

	<1万元	1万~<5万元	5万~<10万元	≥10万元
户数	13	30	8	1
比例	25.00	57.69	15.38	1.92

图 6-11 样本农户家庭收入情况

随着社会主义市场经济的发展，市场机制对农业的导向作用增强，大批农村年轻劳动力涌向城镇从事非农产业获得收入，进而出现农户兼业化现象。参照前人研究，依据农户非农收入占家庭总收入比重，将样本农户分成纯农户、兼业Ⅰ型农户、兼业Ⅱ型农户（分别表示非农收入占家庭总收入比例＜10％、10％～＜50％、≥50％）。

在 52 个样本农户中，兼业Ⅱ型农户最多，有 33 户，占比 63.46％；兼业Ⅰ型农户次之，占比 25.00％；纯农户最少，仅有 6 户，占比 11.54％（图 6-12）。兼业Ⅱ型农户家庭收入来源主要依靠外出务工，从事非农产业获取了较农业更多的收益。

综上可以看出，样本农户主要存在以下特征：①家庭人口数以 4 人为主；②劳动力年龄平均为 55 岁，主要集中在 40～65 岁，年龄偏大，且受教育程度普遍较低；③家庭年收入主要集中为 1 万～＜5 万元，且存在农户兼业现象。

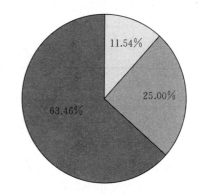

□纯农户　■兼业Ⅰ型农户　■兼业Ⅱ型农户

图 6-12　样本农户兼业化程度

二、测算农地适度经营规模

（一）模型构建及指标说明

以经典 C-D 生产函数为基础，结合农业生产中的关键要素——土地要素、劳动要素、资本要素，得出农业投入产出基本模型：

$$Q=AL^\alpha K^\beta H^\gamma \tag{6-1}$$

两边同时取对数得

$$\ln Q_i=\ln A+\alpha\ln L_i+\beta\ln K_i+\gamma\ln H_i \tag{6-2}$$

其中，Q_i 为第 i 个农户产出，选取农户耕地种植作物总产量作为评价指标，单位为斤[①]；L_i 为第 i 个样本农户的劳动力投入，$L_i=$劳动力数量×农业劳动生产天数 d；K_i 为第 i 个样本农户的农业生产资本投入，包括农户生产资料支出和土地租金，单位为元；H_i 为第 i 个农户耕地面积投入，包括农户自家经营的耕地和流转他人的耕地，单位为公顷；A 为技术进步率，即各投入要素以外的其他因素对增长的贡献率。α、β、γ 分别为农户劳动力、资本和土地 3 种要素投入的产出弹性系数，取值范围是 $0<\alpha<1$、$0<\beta<1$、$0<\gamma<1$。

由于农业生产函数只能测算出劳动力、资本和土地要素的产出弹性，而耕地适度规模经营面积与当地劳动力工资及地租价格有关。此外，测算适度规模

---

① 斤为非法定计量单位，1 斤＝0.5 千克。——编者注

经营面积还涉及生产成本和收益指标，需要对农业生产函数进一步优化。生产成本-收益一般公式为

$$TR = P \times Q - C \tag{6-3}$$

其中，TR 表示生产利润，P 表示产品市场价格，Q 表示产量，C 表示生产成本，$Q = AL^{\alpha}K^{\beta}H^{\gamma}$。$C = wL + rK + nH$，其中，$w$ 表示雇佣劳动力日均工资，r 表示资本价格，n 表示土地租金。

根据以上计算公式，参照韦敬楠等（2017）的适度规模经营计量经济学模型，采用上述生产函数，构建以下模型：

$$TR = P \times AL^{\alpha}K^{\beta}H^{\gamma} - (wL + rK + nH) \tag{6-4}$$

收益最大化条件时得

$$TR_{\max} = \max\ (P \cdot AL^{\alpha}K^{\beta}H^{\gamma},\ wL,\ rK,\ nH) \tag{6-5}$$

对式 6-5 分别求 L、K、H 偏导数，得出均衡解：

$$H^* = \gamma \cdot w/\alpha \cdot n \tag{6-6}$$

根据土地适度规模经营计算公式求出阜平县农户耕地适度经营规模。其中，H^* 为在模型均衡条件下，一个标准劳动力适度规模经营面积；α、γ 为弹性系数，w 为雇用一个劳动力日均工资，n 为土地租金。

根据调查数据，将 52 户农户的耕地种植产量、从事农业生产的劳动力投入、农业生产资本投入和耕地经营规模代入生产函数模型，利用 SPSS 软件对模型进行拟合分析，得出劳动力产出弹性系数 α、农业生产资本产出弹性系数 β、土地产出弹性系数 γ 的估计值，最后将结果代入式 6-6，即可计算出耕地的适度经营规模。模型回归结果如表 6-10 和表 6-11 所示。

表 6-10　回归统计

项目	R	R^2	调整 R^2	标准估计的误差	观测值
值	0.997	0.993	0.993	0.023	52.020

表 6-11　模型回归结果

变量	标准系数试用版	t 值	$Sig.$
$\ln_A$	7.826	12.439	0
γ	0.674	6.186	0
β	0.312	2.120	0.039
α	0.029	3.140	0.003

回归统计中 R^2 为 0.993，调整后的 R^2 为 0.993，接近于 1，说明模型拟合程度很好；再由各变量 $Sig.$ 值均小于 0.05 可知，各个变量都能通过显著性

检验，说明从事农业生产的劳动力投入、农业生产资本投入和农地经营规模对农业总产量具有显著影响。模型估计结果为 $\ln A = 7.826$，$\alpha = 0.029$，$\beta = 0.312$，$\gamma = 0.674$，即在农业生产进步因子定为 7.826 的条件下，劳动力生产产出弹性是 0.029，资本投入的产出弹性是 0.312，土地的产出弹性为 0.674，劳动力、土地和资本的产出弹性系数相加为 1.015，大于 1，表明生产属于规模报酬递增型，说明在现有的生产技术条件下，随着生产规模的扩大，产量能以更快速度增加，此时扩大耕地经营规模、增加资本投入，有利于提高经济效益，从而增加农民的收入。

通过查阅保定市土流网相关数据，得出阜平县耕地流转租金为每年 5 000 元/公顷，结合调研统计数据，计算得出阜平县农户雇佣工人工资，平均为 100 元/天。将劳动力产出弹性系数、土地产出弹性系数、土地租金及雇工工资带入式 6-6，测算得出阜平县劳均适度耕作规模为 0.465 公顷。

依据实地调研数据，将年满 18 周岁、身体健康，且主要在家务农的农民作为一个劳动力，80 周岁及以上人员不作为劳动力进行统计，得出样本农户家庭主要劳动力均值为 2.66，经计算可得户均适度耕作规模为 1.237 公顷（表 6-12）。

表 6-12　农地经营规模对比

项目	户均规模/公顷	劳均规模/公顷
适度	1.237	0.465
现状	0.470	0.149

（二）测算结果分析

根据模型统计回归结果，耕地面积、农业生产中的劳动力投入、资本投入都通过了显著性检验，即都对作物总产量有显著影响，且土地的弹性系数要大于其他要素的弹性系数。影响程度排序为耕地面积＞务农劳动力投入＞资本投入，劳动力投入产出弹性系数 $\alpha = 0.029$，说明每增加 1% 的劳动力投入，农业总产值增长 0.029%；资本投入产出弹性系数 $\beta = 0.312$，表明农户的资本投入每增加 1%，农业总产值增长 0.312%；农地面积产出弹性系数 $\gamma = 0.674$，表明农户的农地种植面积每增加 1%，农产品总产值增加 0.674%。并且各个要素投入弹性之和大于 1，即证实调查区域农户的生产函数为报酬递增阶段，在当前的农业生产条件和经济发展水平下，扩大耕地经营规模将会为阜平县带来产出的增加和经济效益的提高。

实际调研中，阜平县劳均耕地面积为 0.149 公顷，户均耕地面积为 0.470 公顷；模型测算得出阜平县劳均适度耕作规模为 0.465 公顷，户均适度耕作规模为 1.237 公顷。在调研样本 52 户农户中,各户的耕地经营规模均在适度耕作规模以下,达不到资源的合理配置。

第三节 阜平县农户适度耕作规模实现的
障碍因素分析

影响阜平县农户适度耕作规模实现的因素有很多,通过梳理相关文献和理论知识,结合实地调查,本书将可能影响阜平县农户适度耕作规模的因素归纳为以下几方面:耕地特征、水利灌溉设施、农业社会化服务、土地流转及相关政策。

一、耕地特征因素影响分析

耕地细碎化会影响要素投入的生产效率,进而阻碍耕地资源的有效利用。阜平县地处太行山中北部东麓,属全山区县,从调研数据可以看出,阜平县当前存在较为明显的耕地细碎化问题,每亩耕地地块数量为 1.975,每个劳动力的适度耕种规模为 0.465 公顷,需要耕作的地块数量约为 13.78 块。以 2 个劳动力数量的农户为例,其适度耕作规模为 0.93 公顷,需要流转耕地面积最少为 0.26 公顷,地块数量最少为 7.90 块;最多需要流转耕地 0.60 公顷,地块数量最多为 17.78 块(表 6 - 13)。农户若想实现适度耕作规模,必须转入农地。但由于耕地细碎化问题,使得农户在流转农地过程中,需要与相邻地块的多家农户进行沟通。这无疑增加了农户流转耕地的交易成本,降低了农户流转耕地的意愿,从而限制了适度耕作规模的实现。

表 6 - 13 2 个劳动力的农户需要流转农地面积及地块数量分析

项目	农户 1	农户 2	农户 3	农户 4	农户 5	农户 6	农户 7	农户 8
实际经营农地面积/公顷	0.33	0.33	0.33	0.40	0.40	0.53	0.53	0.67
需要流转农地面积/公顷	0.60	0.60	0.60	0.53	0.53	0.40	0.40	0.26
需要流转地块数量/块	17.78	17.78	17.78	15.70	15.70	11.85	11.85	7.90

地块的数量以及空间分割特征,不仅使农户流转耕地交易成本增加,从其本身特征来看,较大面积耕地也存在管理成本较高的问题:①种植生产作业过程中时间成本的增加;②运输过程中部分生产要素的蒸发和遗漏;③地块边界的增多,造成农业机械设备及灌溉设施使用的效率降低等。农户为了降低耕地经营成本,只得采取相对传统或保守的种植方式,更加降低了农户想要通过流转土地进行规模经营的意愿。这在一定程度上,制约了阜平县农户耕地规模化发展的进程。

此外，耕地种植收益较低也是制约适度规模发展的重要原因。在适度规模化发展的过程中，耕地经营与其他产业相比，经济效益始终偏低：①农作物生产高度依赖于自然界的生命生长过程，而自然界又恰恰难以把握，反复无常，农业风险较高，一旦遇上灾害天气，所能获得的经济收益微乎其微；②农作物普遍生长周期较长，因此农产品的生产和供给与市场需求之间存在时滞，进而对农地收益产生较大的影响。经营者顾虑重重，不愿扩大经营规模，从而影响了耕地规模向适度经营方向的发展。

二、水利灌溉设施因素影响分析

水利灌溉设施是影响适度耕作规模的基础条件。水利灌溉设施条件好的耕地，农户更愿意进行流转及扩大经营面积。能灌溉的耕地相较于不能灌溉的耕地，其种植作物产量也会更高，从而提高了农户种地的经济收益。由表6-14可以看出，样本农户中有78户农户，其经营的耕地全部都能灌溉。依据调研数据，能灌溉的耕地玉米的平均产量为7 796.475千克/公顷。有104户农户，其经营的耕地全部不能灌溉，这些耕地的玉米平均产量为7 572.675千克/公顷，二者相差223.8千克/公顷。由此看出，水利灌溉设施较为完善的耕地，其农作物产量较高。

表6-14 能灌溉农地与不能灌溉耕地种植玉米平均产量

项目	全部能灌溉的耕地	全部不能灌溉的耕地
户数/户	78	104
平均产量/(千克/公顷)	7 796.475	7 572.675

阜平县农田水利灌溉设施不完善：①从调研的各个乡镇看，仅有平阳镇灌溉面积占比达到了50%以上（为52.64%），其余乡镇的耕地灌溉面积均未达到50%，而喷灌、滴灌等节水灌溉的比例更少，有半数的乡镇并没有节水灌溉设施；②从调研样本农户来看，能灌溉的农户有290户，但其中耕地全部可以灌溉的农户仅有78户，占总调研农户的26.90%；③在能灌溉的调研农户中，71.03%的调研农户灌溉水来源于附近的河水，25.52%的调研农户灌溉水来源于井水，3.45%的农户灌溉水既有井水又有河水（图6-13）。整体而言，阜平县灌溉设施条件较差，仍有近26.40%的农户依靠自

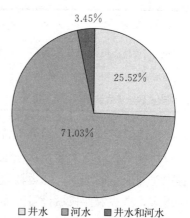

图6-13 调研农户灌溉水来源比例

然雨水浇灌耕地。

综合来看，阜平县大多数农户未能达到适度经营规模，农户需要通过流转耕地来扩大规模。在流转过程中，农户更倾向于流转水利设施条件好的耕地，以获得更高的作物产量和经济收益。阜平县当前水利设施并不完善，极大地削弱了农户扩大耕地规模的意愿。

三、农业社会化服务因素影响分析

农业社会化服务完善与否，是决定耕地能否高效利用的重要因素。农户农业经营的规模化发展，势必需要相关的农村社会化服务组织来承担部分工作，以及提供相应的技术知识培训等服务。但是，当前阜平县农村社会化服务的供给严重不足，这已经成为发展农业适度规模经营的障碍。

1. 技术服务的内容与形式较为单一

调研访谈中发现，半数的农户认为，当前阜平县主要的社会化组织，只是局限在对农业生产技术方面的指导培训，而对其规模经营的管理、市场营销及相关农业政策的法律法规等方面的指导培训较少。依据调研农户参与农业经营组织或形式的数据分析可以发现，86%的农户未参加任何形式的新型农业经营组织，仅有4%农户

■ "公司＋农户" ▨农民专业合作社 ▨专业协会 □无

图6-14　样本农户参与新型农业经营组织情况

参与了"公司＋农户"的形式，5%的农户参与了农民专业合作社，5%的农户参与了专业协会（图6-14）。

从农户是否接受过农业专业技术培训情况来看，94.92%的调研农户未受过农业专业技术培训，说明阜平县农业技术培训较少。农户大多文化程度不高，接受农业技术培训的能力较差。也从侧面反映出阜平县农户参与经营组织或活动的积极性不高。从整体上来看，阜平县参与新型农业经营组织的样本农户仅占总样本农户的14%，并且大多数种粮户未参与过农业专业技术培训活动。农户若想实现规模化发展及耕地资源的有效利用，势必需要一些相关农业社会服务组织的帮助。当前技术服务内容与形式的单一化在一定程度上降低了农户扩大耕地规模的积极性，进而影响其适度耕作规模的实现。

2. 融资渠道单一

调研中几乎全部农户反映融资渠道是向亲戚朋友借。由于亲朋好友之间的信任关系，农户不需要抵押资产，甚至不需要承担利息。而到农村信用社或银行借款，要求条件较多，农户难以满足。然而随着耕地规模的逐渐扩大，农户需要支付的地租成本会增多，其他生产成本也会逐渐增加，而农户之间所能借到的资金有限，在没有其他融资渠道的情况下，农户只能放弃扩大耕地规模，从而制约了阜平县耕地的适度规模化发展，阻碍耕地资源的合理利用。

仍以劳动力数量为2的农户为例，其适度耕作规模为0.93公顷，由表6-15可以看出，需要交易耕地面积最多为0.60公顷，最少为0.40公顷，因此需要承担很多的地租支出。

表6-15　2个劳动力的农户需要交易的耕地面积

项目	农户1	农户2	农户3	农户4	农户5	农户6	农户7
实际经营耕地面积/公顷	0.33	0.33	0.33	0.40	0.40	0.53	0.53
需要交易的耕地面积/公顷	0.60	0.60	0.60	0.53	0.53	0.40	0.40

四、土地流转因素影响分析

土地流转是实现适度耕作规模的必要条件。调研样本中，未发生土地流转的农户较多，占总样本的75.00%；发生土地流转的仅有13户，占总样本的25.00%。样本农户土地流转面积在10亩以内的数量较多，占发生流转样本户的92.31%，并且流转年限较短。说明样本农户进行土地流转的意愿不高，且以小规模短期流转为主，这并不利于阜平县农户耕地资源的规模化发展。按照《农村土地承包经营权流转管理办法》和《中华人民共和国农村土地承包法》的规定，流转行为须到村、镇进行备案登记。但从调研中了解到，农村是熟人社会，大多数土地流转为农户之间的小面积短期流转，仅凭口头协议。样本农户中未签订流转合同的有6户，占发生流转农户的46.15%。即使签订了合同，也存在手续不规范、条款不完整、内容有歧义等问题，因而导致土地流转关系不稳定，流转纠纷时有发生。土地流转的不规范制约着适度耕作规模的推进。

五、政策因素影响分析

农业是一个弱质产业，不仅受自然风险的影响，还承受着市场风险。在这种情况下，政府的强力支持，是保障农业稳定良好发展的重要条件，若是缺少了相关政策的扶持，农户在面对风险时就会非常被动，不利于农户向着规模化、现代化发展。

1. 土地产权问题

一方面，土地所有权被多重分割，农村集体经济组织并不能真正意义上对土地随意分配和调整，这与现行的相关法律相悖；另一方面，农村土地"三权分置"下，所有权、承包权与经营权之间尤其是承包权与经营权之间权利与义务边界不清，制约了土地适度规模经营。

2. 农村社会保障制度滞后

虽然近年来我国农村社会保障制度在逐渐完善，但相较于城镇来看，农村社会保障资金来源少、保障水平低、覆盖面小、项目不全、社会化程度不高，耕地成为农民生活保障的最后一道防线，这就使得农民不愿放弃全部耕地，进而影响了耕地规模经营的发展。

3. 保险政策的制约

在规模化经营过程中，农户既要承担农业生产的自然风险，又要面临市场波动风险，单靠个体的力量很难应对这些层出不穷的风险。从调研数据中可以看出，有 17.31% 的样本农户参加了政策性农业保险，82.69% 的样本农户并没有参加任何形式农业保险。虽然相关农业保险可以助其有效规避上述风险，但我国政策性农业保险保障水平有限，规模化经营的农户在各种风险来临时会遭受严重损失。

第四节　促进阜平县搬迁村耕地资源有效利用的对策建议

阜平县农业正从传统农业向现代化农业转型，农业的发展模式也逐渐从粗放式向集约经营转变，在此过程中，政府应当发挥更大作用。

一、完善农业基础设施建设

农业基础设施是农村经济发展的基础，是各项功能发挥的物质保障，可以促进各种生产要素合理配置。阜平县受地域、资金及其他相关因素限制，农业基础设施建设相对薄弱。在农田水利设施、田间道路修建等基础设施上缺乏长期有效的建设机制和利用管护机制，在很大程度上阻碍了农业经济利益的提高。根据实证分析结果，灌溉面积对耕地适度规模经营有较为显著的作用，完善以农田水利设施为重点的农业基础设施建设，能有效降低农业生产成本，提高农户经济收入。

因此，阜平县需要加强农业基础设施建设。一方面，要加强建设农田水利及田间道路等基础性设施，满足农户最基本的农业生产需要；另一方面，随着阜平县耕地经营逐渐规模化，需要增加建设相应的农机库棚、仓储物流等配套设施。

二、健全农业社会化服务

完善的社会化服务体系是耕地适度规模经营的基础条件。但是，当前阜平县农业社会化服务供给的不足已经成为农业适度规模经营的掣肘，因而需要采取一定的措施来健全阜平县农业社会化服务体系：①乡镇农业服务中心牵头，组建和扶持病虫害防治、灌溉排水、贮藏保鲜等经营性的社会化服务组织，不断加强建设粮食烘干、农机场库棚和仓储物流等配套基础设施；②围绕阜平县农业发展的实际情况，建立以耕地适度规模经营主体为主要服务对象的农业技术推广机构，为规模经营主体提供产前优良品种引进，产中农业技术指导、新型农机指导、动物疫病防控，产后仓储、加工、销售等社会服务；③根据各规模经营主体的实际情况，引导高校、科研院所等开展一对一精准化农业技术服务，并鼓励其学习相关经营管理及市场营销等内容，提高经营者自身管理水平及管理能力；④为了让适度规模经营的农户资金融通更加便捷，加快农村互助组及农村合作金融体系的发展，进一步优化阜平县贷款抵押方式，政府有计划地预留一部分财政资金，扶持当地农户扩大经营规模的贷款项目，拓宽农户的融资渠道，同时降低还款风险。

三、规范土地流转程序

规范化的土地流转市场有利于提高粮食产量和农户收入水平，在农业现代化进程中起着举足轻重的作用。然而，调查结果发现，阜平县土地流转存在诸多问题，如未签订流转合同、流转年限较短、流转行为具有盲目性等，这些问题不仅会损害流转主体的利益，同时也阻碍了土地流转市场的进一步发育和壮大，因此，为使土地流转市场健康平稳发展，在具体做法上，主要从两方面进行：①从政府角度出发，可以对当地土地流转信息进行登记，构建透明的流转价格体系，让愿意流转土地的农户及时获得流转信息，减少交易成本，有助于推进适度规模经营；②从农户自身角度出发，保护农户在土地流转中的主体地位，给予农户更多的自由选择权，转变农户思想，激励农户积极参与土地流转，提高农户收入水平。

加强土地流转的服务与管理秩序，在一定程度上可以优化土地流转不佳的局面，提高农户流转土地的积极性，主要可以从两个方面入手：一方面，因地制宜实施土地流转政策，结合阜平县农村土地流转的实际情况，以国家规定的法律法规为基准，将土地流转以合同的形式规范化，积极引导农民签订书面合同，明确流转双方的权利义务，杜绝不必要的纠纷，与此同时，乡镇部门需加强流转合同的审查、监督，规范合同的备案登记，规避由于合同不完善引起的风险；另一方面，创新土地流转机制，改进阜平县以出租（转包）为主要形式的土地流转，尝试向农户推广其他土地流转方式，以吸引更多的农户进行土地流转。

从农户角度出发，保护农户流转中的主体地位。对于流出土地的农户，加强对其社会保障，降低这类农户对耕地的依赖性，从而消除农户的失业担忧。对于流入土地的农户，阜平县政府还要建立土地流转纠纷解决中心，解决土地流转过程中的纠纷矛盾，让土地流转更加顺畅。此外，由于农民自身知识的局限性以及长期以来的思维固化，要想在短时间内适应新形势下的土地流转并非易事，因此加强对农民的土地流转宣传必不可少，宣传方式应力求多样化和全面化。在具体做法上，可以通过宣传栏、广播站、智慧大喇叭等载体进行宣传，还可以通过印发宣传单、召开村民大会、土地流转大户现身说法等形式提高农民的认识。

四、加强政府保障力度

政府的强力保障支持，是农户进行耕地适度规模经营的重要支撑。要完善农村土地产权制度，明晰产权归属问题，助推农村土地流转：①确保土地所有权边界清晰，防止"三级所有、队为基础"制度下基层政府和农村集体经济组织与农民争利；②确保土地所有权、承包权与经营权的权利义务边界划分清晰。

农村社会保障制度的完善，免除了流转土地农户的"失地"担忧，从而推进了农村土地的流转进程。完善农村社会保障制度可以从以下几个方面来进行：①拓宽农村社会保障资金的融资渠道，政府应在尽最大可能对农村社会保险工作给予财政支持和政策支持的基础上，多形式、多角度地引导社会各界力量参与农村社会保险建设，积极开拓社会融资渠道，进而提高农民的保障资金收入；②健全农村社会保险管理和监管体系，切实保障农民可以实实在在地拿到保障资金；③对流转土地的农户进行一定的政策鼓励及非农技能培训，鼓励农户从事非农工作，保障农户的经济收入稳定，从而实现适度耕作规模的稳定推进。

此外，耕地规模经营后，所面临的农业灾害等不可控的风险也会成倍增加，而阜平县农户还存在耕地经营风险意识不足的问题。需建立耕地规模经营风险分担机制，针对洪涝干旱等农业灾害的风险，以农业保险的形式进行分担，提供多种等级的风险担保、多个档次的补偿标准，供农户选择。农业政策保险应逐步从担保成本转向保证利润，并扩大当前农业政策性保险的覆盖范围，完善与阜平县农业灾害所匹配的农业保险类型。

第七章　阜平县移民搬迁农户土地流转问题

易地搬迁将导致大量农户的居住地远离原承包地，搬迁后生产生活条件发生的变化，会促使农户脱离农业生产并流出土地。了解易地搬迁农户土地流出行为及其影响因素一方面可以判断土地流出的大致趋势，另一方面也可以为地方政府科学合理地推动土地流转提供决策参考。

第一节　阜平县搬迁村农户土地流转情况

本章数据涉及阜平县全部 13 个乡镇，调研采取分层随机抽样方式，选取了规划整村移民搬迁的 65 个行政村，对每个村集体负责人进行了访谈，得到65 份村级问卷，同时随机入户走访了 424 户农户进行问卷调查，经筛选有效问卷共 416 份，整体有效率为 98.1%。农户问卷中包含基本信息、承包地情况、家庭收支情况、安置情况、农民意愿等内容，村级问卷中包含新型经营主体情况、搬迁安置工作情况、搬迁宣传工作情况等内容。

一、农户家庭特征

受访者年龄结构以中老年为主，60 岁及以上老人比例达到 40% 以上，40岁以下青壮年比例只有 16.8%，反映了农村年轻劳动力大量外流的趋势，人口老龄化程度较高（表 7-1）。

表 7-1　受访者年龄

项目	≥70 岁以上	60～<70 岁	50～<60 岁	40～<50 岁	40 岁以下	合计
频数	65	104	89	88	70	416
比例/%	15.6	25.0	21.4	21.2	16.8	100.0

受访者学历以初中以下为主，占比 85% 以上。其中，无受教育经历的占到 16.1%；小学和初中学历的受访者最多，均占 30% 以上。大专及以上的

高学历人口仅有 1.7%（表 7-2）。平均学历水平低一定程度上可以说明农村剩余劳动力素质水平偏低，为这部分劳动力向非农产业转移造成了一定的阻碍。

表 7-2 受访者受教育程度

项目	无学历	小学	初中	高中或中专	大专及以上	合计
频数	67	145	148	49	7	416
比例/%	16.1	34.9	35.6	11.8	1.7	100.0

被访农户家庭规模如表 7-3 所示，1 人家庭占比 5%，多为独居老人；2 人家庭占比 20.7%，多为老年夫妇；3 人家庭多为独生子女核心家庭，占比 18.5%；4 人则多为双子女核心家庭，占比 28.8%；5 人及以上有小部分多子女核心家庭，大部分为主干家庭，占比 26.9%。在当前农村社会条件下，主干家庭已经不再是主要的家庭形式。

表 7-3 家庭人口数

项目	1 人	2 人	3 人	4 人	5 人及以上	合计
频数	21	86	77	120	112	416
比例/%	5.0	20.7	18.5	28.8	26.9	100.0

如表 7-4 所示，7.5% 的农户完全没有农业劳动力，小部分农户全部劳动力完成了非农化转移，大部分是完全失去劳动能力的老人家庭。农业劳动力低于 50% 的农户有 9.6%，占比较低。绝大多数农户仍以农业劳动为主，农业劳动占 50% 以上的有 32.2%。说明目前农村劳动力完全脱离农业生产的比例较低，但由于兼业形式的存在，劳动力属性可以既是农业又是非农业，因此并不能说明非农就业比例低。

表 7-4 农业劳动力占比

项目	0	<50%	50%~<100%	100%	合计
频数	31	40	134	211	416
比例/%	7.5	9.6	32.2	50.7	100.0

农户家庭年收入方面，不足 5 000 元的低收入农户占比 31.3%，收入大于或等于 1 万元且小于 3 万元的农户占比 26.9%，大于或等于 3 万元且小于 5 万元年收入的占比 18.8%，大于或等于 5 万元的较高收入农户比例 15.1%（表 7-5）。低收入农户占比较高，这固然有部分农户瞒报收入的因素，但也能够大致反映农民收入仍然偏低的现实情况。万元以上收入农户占比超过 60%，

也能说明我国促进农民收入提升的各项举措初见成效。

表7-5　家庭年收入

项目	<0.5万元	0.5万~<1万元	1万~<3万元	3万~<5万元	≥5万元	合计
频数	130	33	112	78	63	416
比例/%	31.3	7.9	26.9	18.8	15.1	100.0

关于收入来源，完全没有非农收入的农户占比不足10%，以农业收入为主的农户占比13%，非农收入为主的占42.1%，完全依靠非农收入的农户也有45.8%（表7-6）。该数据说明了农村居民收入结构已经以非农收入为主。这与劳动力就业构成偏离很大，一方面是由于统计收入时，被访者通常不将自产自销的农产品算作收入，拉低了农业收入比例；另一方面也能说明小农户农业劳动的报酬率相较非农产业确实偏低，付出与回报不成正比。

表7-6　非农收入占比

项目	0	<50%	50%~<75%	100%	合计
频数	38	54	175	149	416
比例/%	9.1	13.0	42.1	45.8	100.0

支出方面，25.5%的农户年支出低于2 000元，年支出低于1万元的农户占61.6%，年支出大于或等于1万元且小于3万元的农户占比为23.8%，大于或等于3万元的较高支出农户占比14.7%（表7-7）。低支出农户占比较高的部分原因是农户不认为自产自用的农产品是支出，另外以老年人为主的家庭，普遍生活节俭，消费欲望极低，支出基本上仅用于维持基本生活；年支出水平大于或等于1万元且小于3万元的农户中，大部分是因学或因病支出，用于生活消费的比例也较低；总支出大于或等于3万元的农户，支出结构中用于生活消费的比例才有明显增加。

表7-7　家庭年支出

项目	<0.2万元	0.2万~<0.5万元	0.5万~<1万元	1万~<3万元	≥3万元	合计
频数	106	52	98	99	61	416
比例/%	25.5	12.5	23.6	23.8	14.7	100.0

二、移民搬迁情况

阜平县为搬迁户提供了住房安置、集中养老安置和货币安置三种可选的安置方式。其中，住房安置主要是提供人均25米^{2}的集中安置房以及一些其他福利；集中养老安置针对鳏寡孤独人口和无人照顾的老人，由政府支持建设养老住宅及设施进行安置；货币安置针对确保已有住房保障的搬迁户，按照原住宅评估价值进行货币补偿，同时与住房安置对象同等享受相关福利政策。

如表 7-8 所示，农户选择的安置方式中，住房安置占绝大多数，达到 84.1%，选择集中养老安置的农户最少，受访的 416 户农户中仅有 2 户选择集中养老安置。住房安置是阜平县移民搬迁的主要安置形式，各种补偿细则在多轮调整后已经趋于成熟；选择货币安置主要是在城镇中有其他住所的农户，这部分农户数量较少，生计基本上都有保障，不是搬迁安置的难点；而由于农村老年居民对于集中养老安置的不了解和不信任，极少有农户选择这种安置形式，利用率的低下也导致了集中养老安置点设施建设落后、管理不完善，使之陷入了恶性循环，目前基本处于停滞状态。

表 7-8　农户安置方式

项目	未选择	住房安置	集中养老安置	货币安置	合计
频数	47	350	2	17	416
比例/%	11.3	84.1	0.5	4.1	100.0

被访的 416 户农户中，只有 65 户参加过关于搬迁后生产生活的培训，占比仅为 15.6%。参加过培训的 65 个农户中，接近半数仅参加过 1 次培训，参加过 2~4 次的占比 30.8%，参加过 5 次及以上培训的仅有 13 户（表 7-9）。对于农户来说，搬迁后的生产生活各个方面都产生了巨大的变化，1 次培训不可能将所有重要内容讲述清楚，而考虑到真正需要培训的农户学历多数较低，接受能力也较差，次数较少的培训很难让其理解并接受培训内容。从样本情况看，搬迁培训的整体有效率不到 5%。

表 7-9　参加培训的次数

项目	1 次	2~4 次	5 次及以上	合计
频数	32	20	13	65
比例/%	49.2	30.8	20.0	100.0

农业生产方面，70% 以上的农户认为搬迁后自身农业生产受到了影响。考虑到表示不受影响的 118 户中，包含部分已经完全脱离农业生产的农户，所以，耕作受影响的农户占比会更高。

表 7-10 反映了农户搬迁距离的分布，1 千米以内的近距离搬迁户占比 17.8%，大于或等于 1 千米且小于 5 千米的占 31.5%，5 千米是农户步行能够达到的最远距离，共有 49.3% 的农户处在这一搬迁范围之内，搬迁距离大于

或等于 5 千米且小于 10 千米的农户占比 19.5%，这部分农户如有合适的交通工具，也有往返的能力，而超出 10 千米范围的 31.3% 的搬迁户，考虑到山区的道路交通状况，基本上与其原本的生产生活环境彻底脱离了联系。

表 7 - 10　搬迁距离

项目	<1 千米	1~<5 千米	5~<10 千米	≥10 千米	合计
频数	74	131	81	130	416
比例/%	17.8	31.5	19.5	31.3	100.0

安置区的选址情况如表 7 - 11 所示，26.9% 的农户在本村中心点安置，14.2% 的农户在邻村中心点安置，即共计 41.1% 的搬迁户仍然安置在农村社区；乡镇的建新区安置了 32.2% 的搬迁户，县城建新区安置了剩余 26.7% 的搬迁户，即 58.9% 的搬迁户脱离了农村环境，不同程度地融入城镇生活。

表 7 - 11　新区选址

项目	本村中心点	邻村中心点	本乡镇政府驻地	县城	合计
频数	112	59	134	111	416
比例/%	26.9	14.2	32.2	26.7	100.0

三、土地流转情况

农户承包地情况如表 7 - 12 所示。承包地不足 1 亩的农户占比 13.9%，承包地面积大于或等于 3 亩且小于 5 亩的农户最多，占到 25.7%，大于或等于 5 亩的仅占 18.8%。户均耕地面积较小，难以形成规模效益。

表 7 - 12　承包地面积

项目	<1 亩	1~<2 亩	2~<3 亩	3~<5 亩	≥5 亩	合计
频数	58	81	92	107	78	416
比例/%	13.9	19.5	22.1	25.7	18.8	100.0

表 7 - 13 描述了农户承包地细碎化程度。在拥有承包地的 391 户农户中，仅有 43 户为连片耕地，占比 11%；耕地分为 2~5 块的农户占比 23%；耕地 6~10 块及 10 块以上的均有 129 户，分别占比 33%。总体来看，66% 的农户承包地分为 6 块以上，农户土地细碎化程度较高。一方面，由于山区的特殊地形，耕地天然存在地理分割；另一方面，在分配承包地时由于耕地质量的不同，需要人为将连片土地进行再次分割，导致农地过度分散，对农户农业生产效率造成了较大的影响。

表 7 - 13　承包地块数

项目	1 块	2~5 块	6~10 块	>10 块	合计
频数	43	90	129	129	391
比例/%	11	23	33	33	100

受访的全部 416 户农户中，共 124 户农户有土地流出行为，占总体的 29.8%，而有土地流入行为的仅有 15 户，占总体的 3.6%。土地流出平均面积为 2.5 亩，其中流出面积超过 3 亩的有 29 户，仅占全部流转农户的 23%，大部分是小规模流转。有土地流入行为的 15 户农户多为代耕代种或政府扶持项目，流入面积均不大。

124 个土地流出样本中，1~2 年短期流转的有 36 个，占比 29%；3~5 年期限的流转数量最多，占比 50.8%；5 年以上流转期限的 25 个，占比 20.2%（表 7 - 14）。流出土地中，中长期土地流转的比例较高，说明农户对土地流转交易的信任程度提高，不再过分担心长期流转会导致失地风险增加。

表 7 - 14　土地流出年限

项目	1~2 年	3~5 年	5 年以上	合计
频数	36	63	25	124
比例/%	29.0	50.8	20.2	100.0

土地流转过程中，有 79% 的农户签订了土地流转合同，说明农户对于土地流转的相关程序和手续有了较强的认识，农村土地流转规范化程度正在逐渐提高。

全部流出样本中，有 37% 的农户受到了村集体的影响，另外 63% 的农户土地流转属于个人行为，没有村集体参与，说明农户土地流转没有受到村集体的过多干涉。

第二节　影响农户土地流出的因素

农户土地流转影响因素是一个相对成熟的研究课题，有大量的资料可供参考，本书通过整理相关文献，发现年龄、家庭开支、承包地块数、搬迁距离、受教育程度、非农就业占比等因素出现频率较高，因此基于上述因素同时结合搬迁区域的特殊背景，对影响阜平县易地搬迁农户土地流出的因素进行定性分析。

一、基本特征因素

（一）年龄

一般情况下，年龄应是农户土地流出的限制性因素，即年龄越大，从事其他非农职业谋生的可能性越小，因此更加不愿意流出土地。但在易地搬迁的背景下，农户年龄成了土地流出的正相关因素，即年龄越大，反而越倾向于流出土地。

易地搬迁后，农户从新居住地往返自家承包地的距离增加，再加上阜平县迁出农户承包地多处于山区，往返路途所消耗的体力精力将大幅增加。老年人由于身体素质的下降，无力承担搬迁后的农业劳动，因此搬迁后年龄越大越没有能力继续耕种原承包地。这种情况下农户已经身不由己，不流出土地则会撂荒，收益为零，流出还能获取一部分收益。

（二）受教育程度

在典型的农村家庭中，流出土地等重大决策一般由户主作出，因此在土地流出影响因素的考察中，以户主的受教育程度代表家庭的总体受教育水平。

农户受教育程度这一因素不能对土地流出产生直接影响，但更高水平的教育能强化农户的信息接受能力和分析能力，使其能够更清晰地认识到土地流出带来的潜在效益，提高农户土地流出决策的理性程度，从而在有利条件下更倾向于将土地流出。

（三）非农就业占比

非农就业占比高，说明农户家庭劳动力偏向于非农产业，而从事非农产业劳动的单位时间报酬一般要高于农业生产，农业劳动对农户来说成为一种羁绊，会降低总报酬率，将土地出租能够充分解放自身劳动力，同时还能获取租金收益。

（四）农业劳动力占比

农业劳动力占比是描述农户家庭劳动力情况的指标，与农户流出土地的可能性为负相关关系，即农业劳动力的流失是农民放弃耕种土地的重要原因之一。由于兼业形式的存在，非农就业占比指标不能全面反映农业劳动力向非农产业转移的情况，所以引入农业劳动力占比并将其作为独立指标讨论。

农业劳动力比例低可能由两种情况造成：①家庭整体劳动力少，如老人较多的家庭和失去劳动能力的病人较多的家庭，这种情况下，家庭无法充分利用土地进行农业生产，农业生产绝对效益下降，因此需要将土地流出以获取租金收入；②非农业劳动力比例较高的家庭，剩余的农业劳动力不足以进行大面积耕种，会选择将富余耕地流出。

二、经济因素

（一）家庭年收入

相对于低收入农户而言，高收入农户对土地保障功能的需求更小，较高的收入水平使其能够更好地应对失地风险，所以其流出土地的可能性更高。

农户家庭收入的增加通过提升农户抗风险能力来提高流出土地的效益。当前农村环境下，大部分农户用于投资的资金比例并不高，同时用于消费的资金又相对固定，因此家庭收入高，相应的家庭储蓄水平一般也较高，承受风险的能力也相对较高。农户在是否流出土地的决策过程中，失去土地的风险和无法及时获得租金的风险是降低其流出土地收益预期的重要原因。当农户本身抗风险能力较强时，收益预期在决策中所占的比重会更高，因此收入越高的农户对于流出收益的预期就越高，也更愿意流出土地。

（二）非农收入占比

非农收入占比反映了农户脱离农业产业的能力，非农收入占比越高，说明农户在农业之外可以谋生的技能越强，继续从事农业的必要性越低，脱离农业产业的程度就越高，农户资产配置方式也会更加倾向于非农产业。此时土地作为生产资料的价值逐渐降低，作为资产出租是更优的选择。

（三）家庭总开支

农村地区相对于城市来说消费水平较低，农户家庭总开支的变化受消费能力和消费意愿的影响较小，而主要受必要开支变化的影响。其与土地流出的关系是：家庭开支越高，土地流出的可能性越高。

可以说，开支增加的农户是迫于资金流动性的需求不得不将土地流出，其根源在于一家一户的小农耕种形式的劳动生产率已经不能适应当前的市场条件，将劳动力投入自家承包地上的效益低于投入非农产业的效益。此前不流出土地并非出于经济层面的考虑，而是由于观念因素或是路径依赖，家庭开支压力增大使这部分农户必须将经济因素放在首位考虑，于是认识到农业生产带来的效益难以满足其需要，并开始寻求脱离低效率农业生产的方式，即将承包地流出以获取资产性收入，同时将自身劳动力投入效益更高的非农产业。

三、土地因素

（一）承包地面积

土地需求方流入土地的目的是进行规模经营，单次流转的土地面积越大，其交易成本就越低，愿意付出的租金就越高，流转双方均能获取更多利益，因此农户承包地面积越大，土地流出的可能性就越高。

土地流转交易过程中，最容易产生高额交易成本的环节就是经营主体与小农户谈判的过程。一方面，由于农户土地条件差异较大，经营主体难以用一个固定的价格大面积流转土地，而是需要一家一户地分别进行谈判。另一方面，小农户对于土地流转交易的理解能力参差不齐，对于认知水平较低的农户，通常需要先进行大量基础性的讲解才能正式进入交易流程。并且农户有时也会担心租地的经营主体的经营能力问题，这就会提高谈判难度，也提高了交易成本。因此，每户的承包地面积越大，经营主体达到预期流转规模所需要谈判的户数就越少，谈判产生的交易成本也就越少，流转的整体效率就越高。土地合作社就是这一机制应用到实践中的产物，合作社代表了全体社员的利益，将与农户社员谈判的过程内化，消除了大部分外部的影响，使单次谈判能够交易的承包地面积最大化，农户与经营主体不再直接接触，最大限度地降低了流转过程中的交易成本。

（二）承包地块数

承包地块数是反映农户土地细碎化程度的指标，承包地块数越多的农户，其土地流出的可能性越大。由于本书的研究对象为小农户，各户之间耕地面积的差异较小，因此直接使用承包地块数反映土地细碎化程度。

农村承包地在分包到户的过程中，要顾及公平，便将不同质量的耕地平均分配，这就造成了每个农户的承包地过于细碎，不仅导致耕种困难，也限制了农业机械化的发展。耕地块数越多，农业生产需要投入的成本就越多，农业劳动生产率提升的可能性也越低，因此拥有过于细碎承包地的农户从事农业生产的动力较低，这部分农户流出土地的行为并非出于获取更高效益的考虑，而是由于不愿意继续进行低效率的农业生产而采取的止损措施。

四、外部环境因素

（一）经营主体情况

本村有无新型经营主体这一因素可从土地需求端对农户流出土地产生影响，即所在村有新型经营主体的农户，流出土地的可能性更高。限定在一村范围内的原因是，在没有特殊需求和价格差异的前提下，经营主体更倾向于就近流转土地，所以其对于本村的农户流出行为影响更大。

本村有新型经营主体，一方面，使农户对土地流转和规模经营的信息了解更加全面，直接的观察和接触会降低农户的戒备心理，有助于促成土地流转交易；另一方面，在农村社会，一定程度的熟人关系能够非常有效地降低交易成本，同村的流转双方都能从交易中获得更高的利润。

促进土地流转并非仅能从农户一端推动，土地流入方同样是重要的着力点，土地的特性决定了其具有稀缺属性，土地实际经营者的经营能力提高，市场中土地需求就会上升，一方面，通过市场供需的调节提高地租，使农户租金收益更高，更愿意流出土地；另一方面，也能直接创造更多的交易机会，推动农村土地流转。

（二）地理位置

地理位置是土地的固有禀赋，也是地租差异的来源之一，对于农户来说，土地越靠近城镇和公路，流出的效益越高，流出的可能性就越大。

与县城中心和主要公路的距离可以近似地反映地理位置的不同。距离城镇和公路近的耕地对于土地流入方来说，一方面，生产资料及农产品的运输、人员的通行成本都会更低；另一方面，城镇和公路附近相比偏远的土地，其基础设施水平更高，组织规模化生产的难度更低。因此，经营主体更愿意流转城镇和公路附近的耕地。因此，城镇和公路附近的农户流出土地的机会以及能够获得的流转效益也就增加了，相比偏远地块的农户，其更愿意流出土地。

（三）村集体干预

村集体是农村自治的重要机构，一定程度上代行基层政府的职能。村集体的干预能够直接影响农户土地流转决策。无论从行政还是集体经济的角度，村集体都希望本村的土地流转率更高。因此，村集体对土地流转干预程度越高，农户土地流出的可能性越高。

村集体干预影响土地流出有多种表现形式。常规的土地政策宣传讲解、土地利用方式规划建议以及与意向流转经营主体的联络等都不会对农户产生直接影响，但如果其强化土地流出的正面效益则能够提高农户流出意愿。在实践中，村集体越过农户与经营主体直接交易的情况也存在。具体表现为强制集体流出、阴阳合同、骗取签字等手段，无疑侵害了农户土地流转的自主权。这类土地流出交易一般是由政府上级部门强势推动形成的，或是村集体负责人出于个人利益造成的。农户是其中最弱势的一方，基本没有话语权，如果不进行流出，原耕地利益甚至农业生产之外的其他利益都会蒙受损失。

第三节　农户土地流出影响因素实证分析

一、模型设定与变量说明

（一）模型设定

本书采用 Logistic 回归分析方法对阜平县农户流出土地影响因素进行实证分析。Logistic 模型是逻辑概率分布函数，它对数据的方差和正态性以及自变量的类型没有特殊要求，还具有系数的可解释性等优点，被广泛应用于影响因素分析。由于因变量描述的农户流出土地行为只有发生和未发生两种情况，是一个离散变量，服从二项分布，因此，采用 Logistic 二元回归模型对影响农户农地流出的因素进行分析。模型如下：

$$Logit(p) = \ln\left[\frac{p}{1-p}\right] = b_0 + b_1 X_1 + b_2 X_2 + b_3 X_3 + \cdots + b_n X_n$$

$$(7-1)$$

其中，p 描述农户流出土地行为的发生情况，$p=[0,1]$，X_i 为可能的影响因素，b_i 为对应的 Logistic 回归系数，采用最大似然参数估计迭代计算得到。

（二）变量说明

为了对农户流出土地影响因素进行实证研究，本书对研究假设中提及的基本特征、经济因素、土地因素、外部环境四组因素进行赋值，设置了 13 个自变量，结果如表 7-15 所示。

表 7-15　自变量说明

类别	变量名称	变量	赋值说明
基本特征	年龄	X_1	受访人年龄
	受教育程度	X_2	1＝未上过学，2＝小学，3＝初中，4＝高中或中专，5＝大专及以上
	农业劳动力占比	X_3	家庭中从事农业劳动的人数/家庭人口数/%
	非农就业占比	X_4	家庭中非农就业的人数/家庭人口数/%
经济因素	家庭年收入	X_5	农户全年家庭总收入/元
	非农收入占比	X_6	家庭非农收入占总收入的比重/%
	家庭总开支	X_7	农户全年家庭总支出/元
土地因素	承包地面积	X_8	农户承包地面积/亩
	承包地块数	X_9	农户承包地块数/块
外部环境	本村是否有新型经营主体	X_{10}	0＝否，1＝是
	与县城中心距离	X_{11}	村中心至县城中心距离/千米
	与主要公路距离	X_{12}	村中心至主要公路距离/千米
	村集体干预	X_{13}	村集体是否干预农户承包地处置：0＝否，1＝是

被解释变量为农户是否流出土地，未流出土地＝0，流出土地＝1。受访的全部 416 户农户中，124 户农户有土地流出行为，占比 29.8%。

二、模型估计结果

基于上述模型设定，选取 SPSS18 分析软件对收集到的 416 份样本数据用 ENTER 法进行分析，结果如下。

霍斯默检验结果 P 值为 0.848，大于 0.05，接受 0 假设，说明本次建立的模型和真实数据拟合状况良好。

全部 13 个自变量中，共有 9 个自变量通过显著性检验，即共有 9 个因素对农户土地流出行为构成显著影响。

如表 7-16 所示，农户基本特征因素中，年龄（X_1）通过了 5% 的显著性检验，对土地流出可能性产生较大的正向影响，即年龄越大，土地流出的可能性越高。受教育程度（X_2）和非农就业占比（X_4）分别通过了 10% 和 5% 的显著性检验，对农户土地流出可能性有较强的正向影响。

表 7-16 模型分析结果

类别	变量名称	Sig.	exp（B）
基本特征	年龄 X_1^{**}	0.023	1.014
	受教育程度 X_2^{*}	0.066	1.878
	农业劳动力占比 X_3	0.620	1.039
	非农就业占比 X_4^{**}	0.019	2.011
经济因素	家庭年收入 X_5	0.526	1.000
	非农收入占比 X_6^{**}	0.027	1.034
	家庭总开支 X_7^{**}	0.024	1.980
土地因素	承包地面积 X_8	0.637	1.026
	承包地块数 X_9^{**}	0.020	2.204
外部环境	本村是否有新型经营主体 X_{10}^{***}	0.006	2.381
	与县城中心距离 X_{11}^{**}	0.047	0.976
	与主要公路距离 X_{12}	0.246	0.996
	村集体干预 X_{13}^{**}	0.012	2.233

注：*、**、*** 分别表示在 10%、5%、1% 的水平上显著。

经济因素中，非农收入占比（X_6）和家庭总开支（X_7）均通过了 5% 的显著性检验，对农户土地流出可能性有较强的正向影响。

土地因素中，承包地块数（X_9）通过了 5% 的显著性检验，与土地流转可能性为正相关关系。

外部环境因素中，本村是否有新型经营主体（X_{10}）通过了 1% 的显著性检验，对农户土地流出有极强的正向影响。与县城中心距离（X_{11}）通过了 5% 的显著性检验，与土地流出可能性为负相关关系，即与县城中心距离越近，农户流出土地可能性越高。村集体干预（X_{13}）通过了 5% 的显著性检验，对土地流出可能性有较强的正向影响。

农业劳动力占比（X_3）未通过显著性检验，对土地流出不产生显著影响。家庭年收入（X_5）未通过显著性检验，说明农户收入高低与土地流出可能性关系不大。承包地面积（X_8）未通过显著性检验，与农户土地流出可能性关系不大。与主要公路距离（X_{12}）未通过显著性检验，原因是经过多轮农村人居环境改造，农村道路交通基础设施建设水平普遍提高，交通条件已不再是限制乡村发展的决定性因素。

三、模型结果分析

我国 2003 年起实施的《农村土地承包法》中就明确指出，农村土地流转要遵循"依法、自愿、有偿"的原则，然而在推动农村土地流转的实践过程中，由于监督考核机制的不健全，一段时期内出现了唯指标论的倾向，虚报多报、搞表面工程的现象不在少数。随着一系列政策的出台以及《土地管理法》的修订，土地流转市场逐步规范化，基层行政主体的考核机制也更加完善，土地流转乱象得到了有效遏制，"依法"原则得到了遵守。但盲目追求土地流转面积的倾向仍未彻底扭转，通过各种手段促进流转的过程中，并不能保证真实的"自愿"。同时，对于土地流转交易达成的关注远超对交易双方利益分配是否公平的考量，尤其是当小农户作为土地流出主体时，通常处于劣势地位，"有偿"这一原则有时并不能得到有效的落实。另外，我国耕地资源总量并不充足，从理论上来说，土地流转能够通过合理配置资源提高单位面积土地生产效率，有利于农业生产力的发展。然而在实践中，一些不合理的流转非但不能提高农业生产效率，反而会损害当地农业发展潜力。

在移民搬迁的背景下，阜平县这一问题显得更加突出。通过调研和访谈，可以发现有部分农户并非出于自身意愿进行土地流出，而是由于外界环境的影响，不得不流出土地。因此，对于明显有利于土地流出的因素，也不能一概推而广之，而应从影响力、作用方式的层面深入分析，确定其是否真正符合土地流转的原则，推动农村土地流转的合理有序发展。

(一) 基本特征因素分析

年龄通过了 5% 的显著性检验，对农户土地流出有较大的正向影响，即年龄越大，土地流出的可能性越高。移民搬迁背景下，高龄农户不进行流出则土地收益为零，只有流出土地才能保留一部分收益。此时，理论上土地流转受让方只需要付出很少的租金即可租得土地经营权，老年农户在流转交易中处于非常不利的地位。我国推动土地流转的政策目标之一是发展现代农业，解放农村劳动力，一般情况下在获取土地租金的同时，农户自身劳动力可以从农业生产中解放出来，从事非农产业获取额外收入。然而易地搬迁后，居住地点的改变使高龄人群无法从事原本能够勉强进行的农业生产活动，而这部分人从事非农产业的能力同样低下，搬迁后生计能力急剧下降。此时的土地租金不应仅是对于土地使用价值的补偿，还应包括对于流出土地农户损失的劳动能力的补偿。因此，易地搬迁地区推动农户流出土地的过程中，应更加注意保护老年人以及劳动能力较低人群的权益，对于多重权益受损的农户要相应进行多重补偿。

农户受教育程度通过了 10% 的显著性检验，对农户土地流出有一定的影响。教育水平的提高，能够强化农户的信息接受能力和分析能力，降低农户进行非理性决策的可能性。因此，只有土地流出交易确实有利于农户收益的增加和农户获取信息渠道畅通这两个要素同时具备时，教育水平因素才能更好地发挥作用。当前农村形式下，以规模经营为主要特点的现代农业生产方式确实能够显著提升农业劳动生产率，再加上国家层面的大力推动，各种补贴政策基本能够确保农户在土地流出中的利益，因此，提高农户决策的理性程度是促进土地流出的有效手段。但农户获取土地流转相关信息的能力还有待提高。阜平县流转政策宣传手段比较单一，以宣传册和明白纸为主，文化水平较低的农户理解困难，政策信息很难完整传达给所有农户。部分地区采取村干部或县乡干部入户讲解政策的方式效果较好，但由于基层干部人员不足，且日常负担的工作任务较重，入户宣传难以作为常规宣传方式长期进行。因此需要创新政策宣传方式，例如，引入龙头企业等社会主体进行关于农村土地流转的宣讲，能够提高农户对于土地流转相关信息的认知水平，有助于其作出正确的判断；以村集体为中介进行流转交易，可以降低农户的戒备心理，使其对交易风险有正确的认知，同样有助于农户作出理性的决策，这类作用于农户主观判断的因素均有利于土地流转交易的达成。

非农就业占比和非农收入占比这两个因素均通过了 5% 的显著性检验，都是反映农户非农生计能力的指标。这两个因素实际上反映了我国城镇化进程中，农村劳动力转移促使农业生产方式的改变。可以说，我国农业现代化的过程就是逐步解决谁来种地这一问题的过程，是农民职业化的过程。然而农村土地除具有生产功能外，还负担了较重的保障功能，根本原因还在于农村劳动力没有彻底完成转移，城镇无法提供将大量农业劳动力转移出来的工作岗位。土地资源配置的问题归根到底还是人的问题，只有当农村居民有能力自由选择职业，土地回归其生产资料的本质时，土地流转市场才能成为成熟的要素交易市场。因此，要促进土地流出，一方面要提升农村居民的能力，使其有能力从事城镇的非农岗位；另一方面也要发挥农村自身的活力，创造多样的非农职业就地转化渠道。当农村居民从土地中解放出来，土地流出的阻力就大大降低了。

（二）经济因素分析

农户家庭总开支通过了 5% 的显著性检验，对农户土地流出有较强的正向影响，即家庭开支越高，土地流出的可能性越高。由于开支增加这一因素产生的土地流出交易中，农户的基本目的即获取更高收入，因此"有偿"这一原则一般能够充分实现。而关于农户是否自愿，由于家庭开支的压力更多是农户自身的主观判断，从理论层面并不能也无必要进行准确的识别，因此就需要从实际出发判断农户土地流出自主性是否得到了充分的保护。阜平县移民搬迁农户家庭开支压力增加有两种典型情况。

1. 搬迁新居带来长期固定生活成本的增加

搬迁之前农户生活的固定成本非常低，必要的消费基本能够通过农业生产自给自足，对于农业收入的不确定性有较强的承受能力。但搬入新居之后，由于蔬菜种植、家禽养殖的条件不复存在，最基本的副食品支出必然增加。固定生活成本的增加，意味着如果农户收入不能达到预计的水平，其生活就会受到严重的影响，这就使农户开始关注预期收入的稳定性，农业收入的稳定性显然远远低于将土地作为要素流出所获取的租金。这种情况下，农户土地流出自主性并未受到严重损害。搬迁后的生活成本增加的根源是生活水平的提高，而即便没有易地搬迁政策，农户自身同样会追求更好的生活，易地搬迁只是加速了这一进程。此时农户的长期生计能力没有受到影响，农村现代化程度也得到了提高，可以认为符合土地流转的原则。

2. 农户短期支出大幅增加

搬迁户的短期经济压力多是新居必要的装修、新家具购置等带来的。另外，短时间内难以完成职业转换，收入出现空档期导致的短期收入下降也造成了家庭经济压力增大。这类农户进行土地流出是出于对现金的需求，需要将土地的长期收益通过出租的方式在短期内变现以应对家庭财务危机。如果财务状况没有得到明显改善，那么就基本失去了继续进行农业生产的可能性。此时的土地流出显然损害了农户的长期生计能力。而由于对现金的强烈需求，农户在流转交易中也会处于绝对的劣势地位，利益容易受到侵害。短期支出上升促成的土地流出交易更需要基层政府准确识别并加以管控，对于确实出现生活困难的农户要以多种形式进行帮扶，要警惕此类型的土地流出演化为另一种形式的"圈地运动"。

（三）土地因素分析

承包地块数通过了5%的显著性检验，与农户土地流出为正相关关系。仅从农业生产力的角度考虑，通过土地流转的形式将农户掌握的细碎土地重新整合，交付给能力更强的新型经营主体进行经营，确实是解决耕地细碎化问题、发展现代农业的有效方式。但如果加上农民利益的因素重新进行考量，就会发现土地流转并不是解决这一问题的根本方法。不存在耕地细碎化问题的农户，可以自由地决定将土地流出或者自行经营，而存在耕地细碎化问题的农户，由于生产效率的限制，无法通过农业生产获取正常的回报，从经济的角度上被剥夺了从事种植的可能性。这样的农户看似出于自愿进行流出，但实际上已经失去了选择的权利。由于在同一个自然村内，耕地细碎化程度基本一致，因此这一问题导致的矛盾在现实中并不突出。在当前不再调整承包地的政策以及长期形成的利益格局下，确实也难以改变耕地细碎化的现状，但必须认识到，通过土地流转解决耕地细碎化问题，处理的仅仅是问题的表象，深层次的公平问题并没有得到根本解决。当土地流转市场化程度进一步加深后，这一矛盾在供求机制的作用下必将以其他的形式暴露出来。

（四）外部环境因素分析

本村是否有新型经营主体的显著性水平为 0.006，对农户土地流出有极强的正向影响。本村有新型经营主体，能够显著提高农户土地流出的可能性。促进土地流出并非仅能从农户一端推动，土地流入方同样是重要的着力点。关于农户土地流出去向的调查，结果如表 7-17 所示。农户土地流向企业与合作社的占比高达 85%，说明新型经营主体是流转土地的绝对主力，因此要继续鼓励和支持新型经营主体的发展。提高新型经营主体能力既是促进土地流转的途径和手段，同时又是农业现代化发展的目标之一。调研涉及的 65 个行政村中，48 个村有新型经营主体，占比 73.8%。单从数量角度看，农业新型经营主体发展已经初具规模，但其中能够稳定盈利的仅有 8 家，且年度盈利均未超过 40 万元，新型经营主体的经营能力仍有待提高。

表 7-17　农户土地流出去向

项目	合作社	企业	规模户	普通农户	其他
频数	19	85	2	12	4
比例/%	15.6	69.7	1.6	9.8	3.3

与县城中心距离反映了地理位置不同的农户土地流出的差异，通过了 5% 的显著性检验，与土地流出为负相关关系，即与县城中心距离越近，农户越愿意流出土地。根据马克思的地租理论，土地的位置属于一级级差地租的范畴，地理位置所隐含的基础设施水平则属于二级级差地租的范畴，一级级差地租是由土地的固有禀赋差异产生的，一般情况下难以改变，而二级级差地租可以通过耕地条件的改善获取。举例来说，农村基础设施就是能够改变的条件，但基础设施的改善受益者是全体农户，单个农户由于外部性的存在没有动力改善基础设施，这项工作只能由村集体推动。然而村集体经济情况多数较差，类似的项目多借助财政补贴进行。多数也不是出于集体的意愿，而是为了达到上级部门的要求。只有村集体经济组织真正建立起来，并参与到土地流转二级级差地租的分配当中，才能形成改善耕地条件的良性循环，共同提高集体与农户的流转收益，达到以市场手段促进土地流转的目的。

村集体干预通过了 5% 的显著性检验，对土地流出可能性有较强的正向影响。村集体干预这一因素中政策宣传讲解、规划建议等行为是推动土地流出的合理方式，但强制集体流出、阴阳合同、骗取签字等行为需要警惕。这些现象存在的原因一方面在于土地流转交易的程序仍然不够完善，交易手续简单、交易过程缺乏严谨的监管和公证、过程文件制式混乱容易造假等都会给不合规交易留下机会；另一方面也由于农户话语权的缺失，即便发现明显不合理的土地流转交易，一般小农户也缺乏有效的方式进行反制。因此，程序的规范化以及赋予农户更多的话语权，应是促进农村土地流转健康发展的重点任务。

第四节　推动农户土地流出的对策建议

一、引导农户适度流出土地

阜平县意识到了偏远地区迁出农户土地流出的问题，对于难以正常流出的土地，通过县财政控股的阜裕投资公司进行统一流转，这一交易过程中虽然没有完全遵循农民自愿的原则，但由于受让方阜裕投资公司并非以营利为目的，而是带有政府公益性质的兜底流转，均按照统一的流转价格进行交易，因此农民的收益得到了最大程度的保障，以政府控制的"有偿"补足农户"自愿"的缺失，是阜平县探索出的易地搬迁农户土地流出的解决方案。这一方案短期内确实能够有效地保护迁出农户的利益，确保农户顺利迁出，但利益无法凭空产生，是以财政资金的亏损为依托的，实质上是县政府的财政补贴通过公司以租金的形式发放给农户。这并非真正的市场行为，只有当公司不再依靠财政补贴，通过经营流入的土地实现盈利时，才能说这一模式取得了成功。但在当前条件下，偏远地区尤其是深山区的承包地生产率确实低下，流转集中后基本上无法产生规模效益，流入公司的土地利用效率同样低下，此举甚至一定程度上损害了当地的农业生产力。这种不可持续的模式如果不能从根本上改变，一旦财政资金无法继续支撑亏损，农户的利益将可能遭受严重的损失。当前推进农村土地流转的过程中，以流转面积增加为单一导向的情况广泛存在，不考虑现实情况，盲目地推动土地流出，既会损害农民利益，又会损害农业发展的潜力。因此，不仅农业经营需要适度规模，土地流出同样需要适度规模。要合理地促进土地流出，首先必须根据农户和土地的情况判断当地是否适合进行土地流出，之后要评估当地土地流出最合适的规模，最后还要确保农户的权利在流出中得到了充分实现。

关于如何识别适合进行土地流出的农户，首先，要判断其流出土地后能否将劳动力转移。明显没有能力从事非农职业的农户，对于土地的保障功能更加重视。如果不能以其他形式补偿其失去的劳动能力，保障其维持生计能力，就不能盲目地推动土地流出。其次，要判断农户进行土地流出意愿的来源，尤其要精准识别由于经济困难导致的流出。对于这类农户，如果不加以干涉，致贫的可能性很大，要提前预警，通过多种形式进行帮扶，使其走出困境，而不能简单地将土地流出作为增加其收入的手段。关于土地的评估，主要应从两方面进行：①细碎化程度，以阜平县为例，深山区的耕地天然细碎，基本无法使用大型农业机械，规模化经营很难提升生产效率，明显不适合流出后规模经营；②地理位置，即便是较为集中连片的土地，由于山区道路遥远，大型农机具以及人员的调配成本较高，也会降低规模经营的效益。对于不适合流出的土地，要让有耕种意愿的农民回归土地，使精耕细作与规模经营相结合，形成有层次的农业现代化发展格局。

二、提升搬迁农户生计能力

加快农村剩余劳动力的转移，降低土地的保障功能，是实现有序流转的关键。提高农户的非农就业能力应从农户能力和就业环境两方面入手：一方面，农户要提高自身的知识和技能水平，加强就业竞争能力；另一方面，应尽可能地创造更多适合农村劳动力转移的就业岗位，或者在农民与合适的就业岗位之间建立起更有效的连接。对于农户的培训，要根据目标岗位的不同进行有针对性的培训：一方面，可以根据当地产业情况，摸清劳动力需求较大的重点行业，大规模地进行重点行业相关通用技能的培训，在提高农户就业能力的同时还能降低劳动力成本，助力产业发展；另一方面，政府可以与有特定人力资源需求的企业达成合作，委托相关部门更精准地培养具有对应技术能力的人才，培训后直接入职特定企业，形成培训到就业的闭环。

增加就业岗位要根据地区的实际进行。对于规划条件好、政策条件好、配套设施完善的地区，可以通过招商引资，吸引强势企业入驻，改善当地营商环境；对于自然条件优越的地区，可以布局特色农业产业以及旅游产业，带动周边农村居民就业创业。为了进一步强化搬迁农户生计能力，充分发挥农业劳动力转移带动土地流出的作用，阜平县针对不同区域和人群，提出了多种非农就业帮扶方案，例如，规划建设阜东新区工业园区，加强招商引资，为迁出后靠近城镇的人口提供更多的就业岗位；在搬迁安置区配套建设 103 个林果种植园区、33 个食用菌种植园区、70 个养殖园区、34 个手工业扶贫车间、5 个乡村旅游景区，充分发挥农村经济活力，就地转化闲置劳动力；增设防火员、护林员等公益性岗位 4 911 个，重点解决年龄较大、无特长技术群众的生计问题。

阜平县关于解决迁出农户生计问题的前期政策规划，充分利用了各种资源，也能够解决各类人群的后顾之忧，可以作为山区移民搬迁后劳动力转移的参考。政策规划的帮扶在产业发展的起步阶段发挥了重要作用，但同时也跳过了初创企业经历市场筛选优胜劣汰的过程，质量参差不齐的企业组成的产业集群很可能面临发展后劲不足的局面。安置区配套产业发展需要的不仅仅是政策的倾斜，相关企业必须在市场环境中维持良好运作。生产的产品必须经过市场的考验，才能持续为迁出劳动力提供足够的工作岗位，支撑农户完成由农业向非农产业的转移，将土地作为单纯的资产剥离出来参与市场流通，使土地回归其本身价值，形成土地流转市场的良性循环。

产业布局完成不是终点，后续仍要对区域内相关企业生产经营情况保持密切的关注。移民搬迁安置区多为新建成的区域，周边配套产业布局虽然经过了周密考虑和严谨论证，但没有经过市场的考验，就不能真正说明产业布局的合理性。因此对于安置区配套产业，要及时发现其生产经营过程中产生的困难，对于有能力解决的要通过各种形式进行帮扶，尽快解决问题，使企业经营走上正轨。同时，对于扭亏无望的企业，要及时发现并进行清退，不能让不适应市场的僵尸企业继续占用政策资源，影响农户长期收入增长。但要尽量平稳地完成这一过程，对于这类企业的员工要提供良好的保障，及时安排新的工作，不能因企业倒闭造成大量失业，影响农户的生计能力。

三、优化流转政策宣传方式

无论相关因素如何影响，农户才是土地流出行为的最终决策主体，提高农户对于土地流转的认知水平和决策的理性程度是其他因素发挥作用的前提和基础，村集体和相关部门要重视宣传教育工作，重点是讲解土地流转政策和普及土地流转常识。

土地流转政策宣讲的重点是让农民真正理解"三权分置"制度，认识到承包权与经营权分离的意义是更好地保护农民的土地权益，流转的仅是土地经营权，承包权仍在农户手中，不需要担心失去土地。关于政策的宣讲，村集体是宣传主力，可以通过培训、广播、下户讲解等多种形式进行，县乡有关部门可以通过印发明白纸、宣传册等形式进行辅助。关于土地流转常识的普及，要包括流转的期限、类型、收益、风险，以及标准程序、过程文件等必要的信息。有条件的地区可以成立官方土地流转交易中心，在负责土地流转交易的基础上，结合日常工作中总结的经验教训，承担一部分宣传职能。相关部门也可以与有流转需求的经营主体合作进行宣传，让需求方与农户直接接触，可以有效提高双方互信程度，强化宣传效果，对于成功的流转案例，可以邀请经营主体进行讲解或组织农户实地参观，使农户更直观地感受到土地流出的收益。

四、改善新居农业生产条件

山区的地理位置决定了其耕地具有特殊性，耕地地块的天然分割使其难以进行大规模经营。对于这部分天然细碎的耕地，大型农机具无法进场，现代化的经营方式无法带来效益的明显提升，一家一户的精耕细作仍然是最有效的生产方式。强行推动农户土地流出，不仅效益无法达到预期，还会损害农业发展潜力。因此，长期来看，最合理的方式应是因地制宜，适合规模化经营的土地进行流转，一定会有一部分不适合规模经营的土地要留给小农户进行经营。基于此，移民搬迁过程中必须要为仍有意愿进行农业生产的农户创造良好的条件。因此，如何构造真正适合农村生产生活现状的新型农村社区，是解决这一问题的关键所在。

调研过程中，有 80 户农户认为易地搬迁会影响农业生产。其中，有 61 户提到往返原承包地的距离会影响耕种，13 户认为新居无法安放农机具会影响耕种，15 户认为新居缺少农产品处理和存储的场地会影响农业生产。往返距离增加是易地搬迁必然导致的结果，很难通过设施的完善减小往返路程对农户农业生产的影响。农机具安放以及农产品处置也是一个问题：一方面是搬迁后农户生活空间的绝对面积减小，农村旧宅的生活空间一般包括一个较大的院子，可以妥善安放农机具；另一方面是垂直空间的问题，大中型农机具一般来说难以进行垂直搬运，楼层较高的农户基本无法处理。调研结果说明易地搬迁对农户原本的农业生产活动会造成一定的困扰，是需要解决的实际问题。针对楼房农机具安置的问题，在建新区原有车位和车库的基础上，单独隔离出专门安放农机具的场地或仓库即可解决；关于农产品处置的问题，可以改变农户一家一户处置农产品的习惯，以建新区为单位成立农产品初加工合作社，组织农户集中加工贮存农产品，建新区只需要为合作社提供一块固定的场地即可，不需要进行额外的管理，在给农户带来便利的同时，也降低了村集体和建新区物业的工作难度。

五、提高新型农业经营主体能力

提高新型农业经营主体能力，是保证土地流转可持续发展的重要环节。经营主体如果无法盈利，流出土地的农民同样不可能获得长期稳定收益。税收优惠和生产补贴，是我国一直以来支持新型农业经营主体发展的方式，也取得了比较好的效果，在继续加强传统方式支持力度的同时，也要探索更有效率的支持方式。

在资金方面，农业经营具有资金运转周期长、风险大的特点，多数经营主体都有资金方面的缺口。在"三权分置"的制度框架下，强化土地经营权的融资能力是解决这一问题的有效方式。然而土地融资担保仍处在试点阶段，金融机构并未广泛开展此类业务，因此就需要地方政府采取措施，与金融机构进行合作，共同探索土地融资的合理形式。

技术优势也是新型农业经营主体成功的关键，政府部门应积极与高校、科研机构进行合作，通过技术推广项目、合作研发项目等形式，一方面，为现有经营主体提供技术支持和品种改良，另一方面，还可以根据当地自然条件，量身打造特色农业产业，增强农业经营主体差异化经营的能力。

产业融合也是增强农业经营主体竞争力的重要途径，单纯的生产和初级加工的附加值较低，土地规模经营带来的效益提升有限，而融合一二三产业，能够有效提高单位面积土地的产值。政府可以围绕当地发展较好、地理位置较为集中的农业经营主体集群，规划建设产业园区或特色小镇，提高其产业化经营水平。

六、发挥集体经济组织作用

村集体应是推动农村土地流转发展的重要力量，然而在当前条件下却是较为薄弱的环节。要提高村集体的能力，必须落实集体产权制度改革，提高集体经济组织的地位，明确集体经济组织的各项权利。当村集体真正能从土地流转的交易中获益时，才具备主动推动土地流转的能力。

由村集体牵头发起的土地集体流转，多是村干部以个人名义组织合作社进行的，并不能代表全体村民的利益。只有集体产权制度改革完成后，村集体经济组织发起的集体流转，才是真正的集体流转。此时的集体经济组织代表全体村民的利益，有充分的理由参与土地流转收益的分配。由于其最大限度地消除了外部性的影响，村集体经济组织的收益就可以合理地用于促进本村的发展，包括改善耕地基础设施。基础设施建设水平越高，土地流转中能够得到的地租就越高，也就形成了土地流转的良性循环。

七、规范土地流转交易程序

交易合同不严谨、交易过程违背农户意愿、拖欠农户租金等问题严重阻碍了土地流转的有序进行。针对这一系列的问题，一方面，基层政府要加强对土地流转过程的管理，应明确给出一套完整的土地流转规范程序，包括合同的条款、交易成立的认定、违约责任、备案方式等内容，从根源上减少违规交易侵害农户利益的操作空间；另一方面，要严厉打击违背农户意愿的土地流转交易。对于已经发现的阴阳合同、被迫签字、代签替签等违规行为零容忍，对利益相关方从重处罚，对于常规土地流转交易也要进行合理性方面的评估，建立违规交易预警机制，同时畅通民意反馈机制，充分发挥群众自下而上监督的作用，设立违规土地流转举报电话，对有违规嫌疑的流转行为进行逐个排查。

第八章　阜平县移民搬迁工作的完善措施

由于地理位置特殊、自然禀赋较差、基础设施薄弱等原因，阜平县农村发展障碍较多，经济发展缓慢。阜平县绝大多数村庄仍然是小农经济占主导地位，经济结构单一，科技不发达，产业化水平不高。移民搬迁虽然为阜平县村落经济发展提供了一个新的契机，但也使农民的生产生活环境发生了巨大变化，农民很难迅速适应新的环境。政府一方面要积极消除移民搬迁给农民和乡村发展带来的负面影响，另一方面应当积极推动乡村治理、经济发展、劳动力就业等方面的创新，提高搬迁后村民的生计水平。

第一节　完善移民搬迁政策方面的措施

一、拓展农村社会保障体系

在易地搬迁项目的推进过程中，要想打消农民对于未来生活的担忧，需要政府拓展项目区范围内农村的生活保障体系，争取使农民拥有与城镇居民一样的医疗、养老以及就业保障待遇。首先，要打破城乡人口最低生活保障、养老保障方面的差别，满足农民住楼后的实际需求，解决"保而未保"的农村参保问题；其次，政府要加强对于参与搬迁农民的就业引导与安置工作，为农民提供合适的就业指导和培训。移民搬迁项目的实施使农民不得不放弃原有宅基地，迁入新的居住地，这往往会增加农民与承包地之间的距离，导致有一部分农民放弃耕作另谋生计，政府应当努力为这些自愿放弃土地的农民提供新的就业机会，使农户搬迁后的生活得到保障。政府为参与搬迁的农民提供就业机会可以从当地的企业入手，通过一定的就业支持政策，既为企业提供劳动力，促进企业的发展，也可以解决搬迁后农民再就业的问题。只有拓宽现有的社会保障体系，农民参与搬迁的意愿才会提高，易地搬迁项目实施才能顺利推进。

二、完善基础设施建设

新区的环境条件不能比农户原居住地环境条件差，要保证新区基础设施的建设能够满足农民实际的生产生活需求。综合考虑村民们日常的休闲方式，以构建乡村文明体系、促进村集体团结为主要目标，集中布局、多样化设计公共设施，以便于满足农民不同的需求，将休闲方式不同的农民关联在一起。这种集聚建设的方式可以提高建设用地空间布局的集约性，营造良好的社区生活氛围。新区的建设地点要尽量选择基础环境条件较优越的地区，建设要求、建设风格要以不破坏原村落面貌为前提，注重保护村落文化，最大限度地保留村庄原有的主要交通干道、农村特色生产工具等，将其与社区景观构建相结合，打造农民熟悉的生活空间。

（一）切实做好安置区基础设施建设任务

要保障农户生产生活基础设施的完善，社区道路硬化，排水措施完善，绿化达标。生活用水既要保证饮用方便安全，又要保证供水不间断，合理确定阶梯水价，使农户用得起的同时避免大肆浪费现象的出现。

（二）保障生产生活用电

可利用太阳能建设分布式或集中式光伏发电设备，使用清洁能源，减少煤炭等不可再生能源的耗费，既可以保护生态环境、节约资源，又能减少农户用电费用。天然气是农户搬入安置区必须选择的做饭烧水的清洁燃料，由于生活习惯问题，农民很少使用天然气，因此要在农户搬迁前就讲解天然气的正确使用方法，在农户学会的基础上还要保证农户的使用安全，并告诉农户计费方法，促进农户安全、有效、节约地使用天然气，尽量避免农户烧柴烧炭做饭。

（三）完善通信网络设施

安置区实现网络全覆盖，保证 4G 信号稳定，宽带网络入户，辅助工业和信息化局完成网络建设任务，提高农户入网率，保证宽带网络快速安全。打通山区农户与外界信息交流的渠道，使农户可以跟上时代的发展，接收到更全面的生产信息，为农民的生产提供帮助，从而促进贫困地区信息化发展。

三、完善移民搬迁补偿方案

农户的安土重迁思想影响着移民搬迁项目整体的进程，要使各年龄段的农户都积极主动地参与到移民搬迁的项目中去，就要制定更加完善的补偿方案。一方面，基于公众参与理论，相关部门需要加强监管力度，建立长期有效的公众参与机制，保障农户参与项目实施环节的话语权；另一方面，对于农户的资产评估，要明确规定评估的标准，建立健全宅基地、房屋、地上附着物等方面的评估机制，依托专业的评估中介机构，委托专业评估人员对农户资产进行科学评估，确保农户权益得到最大保障。

此外，阜平县移民搬迁的补偿方案只包含了对于房屋建设成本、地上附着物、过渡安置费等项目的补偿措施，没有将所有的影响和农民的贡献都考虑进来。应当考虑农民在宅基地权属置换中与政府和企业之间的利益分配问题。除了考虑宅基地本身的现实价值外，还应该考虑增减挂钩政策使土地区位空间变化带来的土地增值。农民有权利参与对这部分增值的分配，应使农民享受到增减挂钩易地搬迁项目带来的政策红利。

四、发展新型农业经营主体

农户家庭劳动力占比反映了家庭的经济结构，农户所承包的耕地面积反映了农户对于土地的依赖程度，在保障农户搬迁之后生活不受影响的情况下，要着力培育新型农业经营主体。政府应该统筹指导村集体进行山区综合开发，由村集体组织推动，鼓励农村致富能手兴办合作社，村民积极参与入股，发展特色农产品种植、专业化养殖等产业。除了农民以土地或者资金等形式的入股合作之外，还要注重招商引资，从可持续发展的角度对村庄产业的发展进行规划。农业产业项目的选择可以依据阜平县山区特有的气候资源等条件，发展枣、核桃等特色林果种植，也可以结合阜平县食用菌产业发展需要，引入食用菌的培养技术。在发展依托方面，村集体既可以选择发展种养大户，也可以依托龙头企业，或者办合作社。要对农民进行培训，通过培训增加农民的专业技能，只有提高农民的自我发展能力，才可以为搬迁后农民的生活提供最基本的保障，实现可持续发展。

五、推进体制机制创新

（一）创新项目运作体系

城乡建设用地增减挂钩项目复杂且烦琐，应建立政府主导、自然资源部门协调、多部门参与的运作体系。以乡镇政府为试点项目的责任主体，自然资源局为业务牵头单位。县领导小组要加强对项目建设工作推进的监督检查，定期深入项目区调度进展情况，解决项目中的问题，并定时召开工作调度大会，总结经验做法，解决突出问题，确保试点工作顺利推进，全面保障农户基本权益。

（二）开拓资金筹集渠道

以政府为主导，与涉农金融机构加强合作，共同组建投资公司，并创新融资办法，完善投融资渠道。加快项目区宅基地复垦进度，在保护生态环境和保障农民利益的前提下，复垦出更多的耕地、节余出更多指标进行流转。根据县政府制定的增减挂钩指标返还方案，由财政局统一整合资金，县纪委、监察、审计部门监督资金使用，通过多部门协作，保障农户权益。

第二节　优化移民搬迁空间整合及耕地利用方面的措施

村镇空间整合及耕地利用问题本质上是对村镇各种资源的重新分配和优化，势必涉及不同层面、不同主体的利益。阜平县要探索出一套符合该地区的空间体系。

一、村庄整合的组织管理与政策配套

村庄整合能够改善居民以往落后的生存环境，减少土地浪费问题的出现，加快推动新农村建设步伐，促进城乡统筹发展和有效缓解用地矛盾。村庄整合要形成各级部门负责协调、沟通和服务，各级相关职能部门发挥各自优势、主动向村庄整合靠拢的组织领导机制。保障农村发展政策、税收优惠政策、土地流转政策、金融信贷政策、财政贴息政策等一系列相关政策的有效落实。

将具有开发优势但没有编进规划，适合耕作但还没有开发使用的资源考虑到整合范围。大力开展未利用地的开发试点工作，通过工矿废弃地复垦和低丘缓坡荒滩整治等提高土地利用效率。

二、村庄整合资金运作与工作机制

在村庄整合中，要积极整合财政资金、社会帮扶资金、金融信贷资金、工商资本、彩票公益金和农户自筹基金等多种渠道资金，形成资金的集聚效应，加大村庄整合的资金投放力度。采用集中方式，将资金投放于特定的用途。同时，充分利用来自多渠道的涉农优惠资金，加大村庄的开发建设力度，要覆盖道路、基本农田和小型水利建设、农村饮水安全工程、改善农村医疗条件、农村中小学校舍维修改造、加强剩余劳动力转移就业培训等方面，确保资金使用效果。不断发展村庄互助资金组织，尽量扩大互助资金规模。

（一）创新工作机制，鼓励各相关主体参与

村庄整合要遵循以下步骤：①做好山区村庄现状摸底工作，尊重民意，突出重点，差别推进；②充分结合县域、市级关于村镇下一步发展的指导性文件，做到上下结合；③多渠道筹划产业项目、能力建设项目等，鼓励引导村庄能人、富人参与到村庄整合过程中，带动低收入人口发展。

（二）完善社会帮扶机制

通过提供信息服务、业务指导等途径引导社会组织、基金会、企事业单位等主动从事乡村振兴事业；大力向青年、技能型人员、离职干部和社会各界人

士宣传该地区项目需求，鼓励其积极参与，形成山区村庄社会帮扶志愿网络；同时，对志愿者进行相关培训，定期组织下乡搞文化、科技宣传活动，提高山区农户能力建设。

（三）强化群众参与机制

通过结合"请进来"和"走出去"的方式，协助搬迁农户拓宽视野范围、冲破陈旧保守思想；通过加强宣传普及，依靠群众，借智于民，问计于民，群策群力，寻找适合本地实际情况的可持续之路。

三、促进农地流转

整村搬迁"搬得动人，搬不动地"。要完善土地流转市场，提高农地流转效率，以解决搬迁农户生产不便的问题。项目区实施复垦的同时应尽可能将农户承包地一并进行规划，实现地块成片、基础设施健全、土地质量提高、经营便捷的土地利用环境，为土地流转提供便利，提高经营主体租赁意愿。

土地复垦流转后，可吸纳当地农户参与土地开发，提高农户参与的积极性和有效性，解决部分农户的失地就业问题。同时，鼓励和引导农户外出务工，为他们提供就业信息，开展就业培训，保护农户合法权益，建立完善的农户务工管理机制。鼓励乡镇企业和劳动密集型产业发展，对能够吸纳农村劳动力的企业给予政策支持。合理的就业指导和劳动力转移是增加农户收入、保障农户生活水平稳步提高的有效途径。

四、提高复垦耕地质量

保证耕地质量不下降是开展城乡建设用地增减挂钩项目主要目标。保证耕地数量有增加、耕地质量不下降可采取如下措施。

对原有居民点进行土地整理，对荒废地与适宜耕作的土地复垦开发，复垦完的耕地优先补充耕地资源。由于农户住房多为石木结构，要先将石木集中处理，平整地块，将建设用地剥离出来的耕作层施用到需复垦的耕地上，同时将农家肥施用到耕地上，保证耕地质量。对不适宜复垦为耕地的，可对拆旧区进行生态恢复，实行退耕还林还草，改善当地生态环境。复垦后的耕地坡度必须小于25°，有效土层厚度不得低于40厘米，还须保证耕作基础设施（道路、灌溉、用电、林网等）完善、土壤肥力及土壤质量提升。在经营种植上选择对土地肥力耗费小的种植作物，用三至五年使复垦的耕地质量达到周边地区耕地的同等水平。在农业生产设施建设方面，生产便道要满足农民耕作需要，方便农机具进出，种植养殖用水也要有保障，可兴建小型储水设备加强水资源利用，既满足农户生活安全用水，也满足农户灌溉和养殖需求。

第三节　提高政府工作绩效方面的措施

一、加强监督管理和考核评估

建立规划实施的监督机制，实现外部监督和内部监督的有机结合。通过完整的监督机制，确保项目实施的效果和资金使用的规范性。

研究制订科学合理的考核评估指标体系。专门针对村庄整合工作，从规划编制的合理性、资金使用的合规性、项目产出的效率性、实施效果的满意度等方面设计考核评估指标体系。

积极探索开展第三方对规划实施的考核评估，从专业的角度客观、公正地评价整村推进规划的实施效果，及时总结项目中积累的经验和存在的问题，并对今后工作的提出可行性建议。

对相关领导干部进行绩效考评时，应考虑村庄整合规划的实施效果和工作成效；对积极参与社会扶贫并做出突出贡献的各类主体，如社会组织、相关企业和各界人士等，给予适当激励。

二、构建村域治理体系

村委会作为农村基层自治组织，既是政策的执行者又是农户利益的维护者，处理好政策实施和农户权益保护的关系非常重要。在实际操作中，村委会很难权衡两者的轻重关系，处于两难境地的情况时有发生。由于畏惧权威或迫于政绩考核压力等，在最后决策时，往往倾向于"以牺牲农户利益保全政策实施"，以至于出现政策"被曲解"、合同"被签订"、农户"被上楼"等问题。针对农村出现"农户选举干部，干部不能为农户谋福利"的现象，应采取如下措施：①政府不能对村委会给予太多的政治压力，同时对村干部加强培训，对于关键性的问题给予足够的指导，给出更详细的实施程序，使村委会在项目操作中少走弯路；②组织农户学习《选举法》，知晓选举权的重要性，了解选举村干部的意义，让农户选举出自己满意、群众支持的好干部；③培育有思想、有素质、有担当、肯吃苦、心系"三农"、志愿为农村服务的大学生村官，外来村干部既没有家庭利益纠葛和复杂的社区背景，也能够准确解读和灵活实施政策，更好地处理政府、村委会和农户三者间的关系。

整村移民搬迁过程中，政府要了解当地的人文、地理环境，综合考虑，慎重决策。各级政府应认真学习相关政策法规，将政策与实际相结合制定出详细的指导措施，尤其要涉及各种补偿措施、实施方案、补偿标准、补偿发放时间以及补偿发放负责人等问题。对乡、村各级负责人进行培训，同时利用政策明白纸、宣传专栏或电视媒体等形式供农户学习，使农户充分了解政策，提高参与项目的积极性。各级政府、各部门之间建立相互配合、相互监督的工作机制，完善方针政策，对实施细则、操作方案、融资管理、拆迁标准和方式等深入研究，以实现项目主体明确、责任落实、监督到位、验收严格。

第四节　保障搬迁农民生计方面的措施

一、促进村域产业融合，推进新型农业经营

（一）着力培育新型农业经营队伍

加快农村致富带头人的培训，积极招商引资，鼓励村民开展特色种植、专业养殖等活动，引导村民进行土地合作、资金合作、生产合作，以实现共同致富、共抵风险。积极探索"政府统筹＋村级组织推动＋农户入股参与＋企业开发经营"的山区综合开发模式。

（二）创新农户技能培训模式

开展"县企合作、生产合作、半工半读"的方式，利用高校院所与部门企业帮扶优势，与教育培训机构联合开设创业就业培训课程，开展就业技能、创业能力培训。建立互联网技术应用、家政服务、保洁保安培训就业跟踪档案记录卡，并对参加职业技术培训取得相关职业资格证书的农户给予奖励。

（三）多渠道促进农户就业

组建手工业企业，与相关企业签订订单，进行服装、箱包、毛巾、玩具等代加工，引导和扶持有劳动能力的家庭妇女积极参与。鼓励农户种植栗、核桃等特色林果，鼓励农户发展食用菌产业。支持农户自主创业，给予创业农户资金、场地等政策支持，简化注册程序，降低创业成本。

二、解决畜牧业和林果业的发展问题，提升产业发展质量

作为山区县，阜平县在畜牧业和林果业方面有较大优势。阜平县畜牧产业具有自然条件适宜、农户养殖经验丰富等优势。畜牧业作为阜平县的四大扶贫产业之一，2011 年以来得到迅速发展，其中发展最快的是牛、羊、猪和鸡。阜平县素有"中国大枣第一乡"之称，其枣产业有基础、有市场。2006 年起阜平县决定兴建无公害枣示范区以来，已经完成机械整地 0.33 万公顷，修建上山路 80 千米，栽枣树 180 万株，并对近万公顷枣树进行树体改造，同时进行了无公害认证。但阜平县畜牧业和林果业发展中都存在一些问题：①加工业欠发达，初级产品占较大比例；②品牌种类多，规模效应差；③经营方式落后，以小散户经营为主，现代化水平低，生产效率低；④从业人员素质低，技术进步慢；⑤金融服务体系不完善，资金投入不足。

为了促进阜平县畜牧业和林果业的发展，阜平县应当采取以下措施：①继

续推动和规范合作组织的建设，通过扶持农民专业合作社，逐步形成"龙头企业＋专业合作组织＋农户""合作组织＋农户"等模式，提高农民生产组织能力、管理能力、营销能力和抗风险的能力；②改良品种，提高产品质量，面向市场开展品种优选和纯化，研究开发名特优新品种，同时引进和试验国内外名优品种；③加强科技培训，通过电视、报纸、杂志和网络等定期开展必要的技术指导，通过传帮带的方式提高农民的经营素质，促进农户增收致富。

三、提高养老保障水平，健全医疗保障体系

（一）统筹推进城乡养老保障体系建设

开展县、乡、村三级农政服务中心协作工作，提高村内养老院服务质量，聘请专人照顾养老院老人日常起居，确保居住和饮食质量，保障村内五保户有所养、有所居、有所食。完善村域新型农村社会养老保险制度，确保搬迁后的失地农户权益能够得到保障。

（二）构建多层次的医疗保障体系

按照脱贫考核中卫生室的标准，继续加强村卫生室的基础设施建设，并保障村内医生的医疗水平。由县卫生局组织县级医院主任医师，定期召开县域内基层医生培训，以提高驻村医生的水平，实现村民小病不出村，大病不出县。加强村域基层医疗保险制度建设，多方融资，确保村民看得起病。

参考文献
References

崔惠斌，陈海文，钟建威，2015. 我国农村土地流转影响因素的研究综述 [J]. 农业经济与管理 (1)：56 - 63.

杜峰，2018. 影响山区耕地流转因素及对策分析：以重庆市江津区 438 个农户为例 [J]. 中国农业资源与区划，39 (8)：89 - 96.

李琴，李怡，郝淑君，2019，农地适度规模经营的分类估计：于不同地形下不同地区的测算 [J]. 农林经济管理学报，18 (1)：101 - 109.

彭开丽，宋艳华，陈燕，等，2019，"三权分置"背景下农户土地流转意愿的影响因素分析：基于湖北省 645 份农户的调研 [J]. 湖北农业科学，58 (3)：150 - 155.

韦敬楠，张立中，胡天石，2017. 广西蔗农适度规模经营测算及影响因素实证分析 [J]. 中国农业大学学报，22 (11)：199 - 207.

图书在版编目（CIP）数据

阜平县移民搬迁问题研究 / 胡建，赵金龙，许月明
著 . —北京：中国农业出版社，2022.7
ISBN 978 - 7 - 109 - 29763 - 0

Ⅰ.①阜… Ⅱ.①胡… ②赵… ③许… Ⅲ.①移民安
置－研究－阜平县 Ⅳ.①D632.4

中国版本图书馆 CIP 数据核字（2022）第 137087 号

阜平县移民搬迁问题研究
FUPING XIAN YIMIN BANQIAN WENTI YANJIU

中国农业出版社出版
地址：北京市朝阳区麦子店街 18 号楼
邮编：100125
责任编辑：孙鸣凤　　文字编辑：戈晓伟
责任校对：吴丽婷
印刷：北京中兴印刷有限公司
版次：2022 年 7 月第 1 版
印次：2022 年 7 月北京第 1 次印刷
发行：新华书店北京发行所
开本：700mm×1000mm　1/16
印张：12.25
字数：245 千字
定价：85.00 元